Edition ※ Maritim

BERND-WILFRIED KIESSLER

Canal
du Midi

Mittelmeer–Toulouse

Edition Maritim

Autor und Verlag übernehmen für Irrtümer, Fehler oder Weglassungen keinerlei Gewährleistung oder Haftung. Die Pläne dienen zur Orientierung und nicht zur Navigation; sie ersetzen also keineswegs offizielle Schifffahrtskarten.

Der Autor dankt Monika Fritsch und Thomas Schmidt, Maison de la France in Frankfurt am Main, sowie Friederike Haussmann, Le Boat in Bad Vilbel, für Rat und Hilfe

Bibliografische Information der Deutschen Nationalbibliothek
Die Deutsche Nationalbibliothek verzeichnet diese Publikation in der Deutschen Nationalbibliografie; detaillierte bibliografische Daten sind im Internet über http://dnb.d-nb.de abrufbar.

5. Auflage
ISBN 978-3-89225-172-9
© 1990 Edition Maritim GmbH
Raboisen 8, 20095 Hamburg

Umschlaggestaltung: Buchholz/Hinsch/Hensinger, Hamburg
Fotos: Ellen Ersing, Echterdingen
Druck und Bindearbeiten: DZA Druckerei zu Altenburg GmbH, Altenburg

Printed in Germany 2008

Vertrieb: Delius Klasing Verlag, Siekerwall 21,
33602 Bielefeld
Tel.: 0521/5590, Fax: 0521/559115
E-Mail: info@delius-klasing.de
www.delius-klasing.de

Inhalt

Einleitung

Gründe, den Canal du Midi und andere südfranzösische Wasserstraßen zu befahren, gibt es viele.

• Ein romantisch-historischer: Der Canal du Midi ist in seinem heutigen Verlauf über 300 Jahre alt und damit eine der ältesten befahrbaren Strecken des ausgedehnten Kanalnetzes in unserem westlichen Nachbarland. Viele Einrichtungen, unter anderem die charakteristischen trogförmigen Schleusen, zeugen von seiner Entstehungszeit. Der Hauch der Geschichte weht für die, welche die Zeichen zu deuten wissen, an vielen, teilweise ganz unscheinbaren Orten. Weil der Canal du Midi inzwischen offiziell von der Unesco zum Weltkulturerbe erklärt wurde, wird sein zeitweise bedrohtes Weiterbestehen wohl endgültig gesichert sein. Obendrein werden Arbeiten zu seiner Pflege mit dem nötigen Feingefühl durchgeführt werden, wie es einem ehrwürdigen Denkmal ansteht.

• Ein nautisch-praktischer: Die Segler wissen, warum sie ihre Boote nicht um Spanien herum ins Mittelmeer oder umgekehrt überführen. Wenn sie kürzer als dreißig Meter, nicht breiter als 5,20 Meter, nicht höher als 3 Meter sind und ihr Tiefgang nicht mehr als 1,50 Meter misst, dann können sie vom Atlantik in die

Idyllische Szenerie an einem alten Schleusenwärterhaus.

breite Gironde-Mündung Richtung Bordeaux einfahren und an folgenden Stellen das Binnengewässer wieder verlassen:
– in Port-la-Nouvelle über den Canal de la Robine
– südlich von Agde über die Hérault-Mündung, nachdem sie vom Canal du Midi in der legendären Rundschleuse abgebogen sind
– über den Étang de Thau durch die Kanäle der Stadt Sète
– über einen zur Großschifffahrtsstraße ausgebauten Stichkanal, der östlich von Frontignan zum Fischereihafen von Sète abzweigt
– über das Flüsschen Vidourle oder den Canal Maritime ab Aigues-Mortes, die beide vom Canal du Rhône à Sète nach Grau du Roi und damit an die Mittelmeerküste führen
– über die Kleine Rhône bis zu deren Mündung bei Stes.-Maries-de-la-Mer
– und schließlich über die große Rhône von Arles den Strom hinab.
Diese Zugänge zum Meer sind natürlich auch allen jenen offen, die, von der Rhône kommend, in geschütztem Gewässer möglichst weit nach Westen fahren wollen.
• Ein klimatischer: Der Canal du Midi und die angrenzenden Gewässer sind zum beliebtesten Charterrevier Frankreichs ge-

Typisches Bild am Canal du Midi: eine traditionelle Brücke.

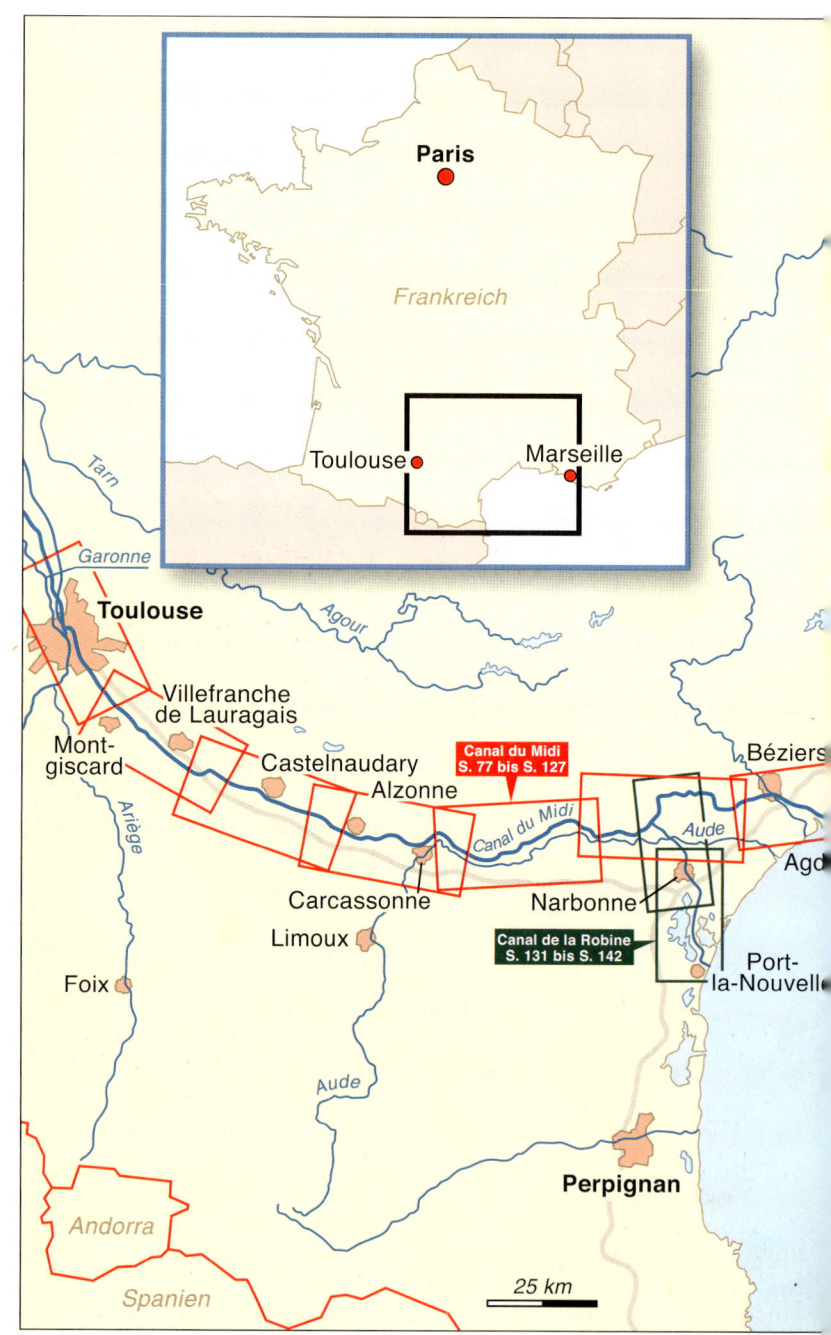

Übersichtskarte

Viviers

Frankreich

Nyons

Orange

Gard

Rhône

Avignon

Hérault

Nîmes

Beaucaire

Durance

Canal du Rhône à Sète
Seite 33 bis Seite 65

Kleine Rhône
S. 25 bis S. 32

St-Gilles

Arles

Montpellier

Aigues-
Mortes

Canal d'Arles à Fos-sur-Mer
Seite 17 bis Seite 23

Lez
S. 67 bis 70

*Petit
Rhône*

Étang
e Thau

Marseille

Palavas

Sète

Saintes-
Maries-
de-la-Mer

Port-
St-Louis

Étang de Thau
Seite 71 bis S. 75

Hérault
Seite 129

M i t t e l m e e r

Zeichenerklärung

Stadt		⚓	Anlegestelle/ Versorgungsmöglichkeit
Ortschaft		• 8 • **15**	Kilometerpunkt
Autobahn			
sonstige Strasse		**Saint-Gilles** 195 m x 12 m	Schleuse
Bahn		✕	Durchfahrt verboten
N⋀ Kartenausrichtung		★	Leuchtfeuer

9

worden, weil der Süden die meiste Zeit des Jahres Sonne und Wärme verspricht. Von März bis in den November ist mit milder Witterung zu rechnen.

Meine Lieblingszeit ist der Wonnemonat Mai. Dann bricht das Laub der Platanen licht auf, die gelben Schwertlilien blühen unmittelbar am Ufer, die Nachtigallen schlagen die ganze Nacht hindurch, und der schwarz-gelbe Pirol lässt wohl den lieben langen Tag seinen Ruf hören.

Das südfranzösische Kanalsystem wird durch den Étang de Thau in zwei Hälften geteilt. Von Toulouse bis Marseillan sind heutzutage 91 Schleusenkammern zu durchfahren. Die Landschaft ist hügelig und abwechslungsreich. Obwohl die Schleusen durchgehend elektrifiziert sind, sollte sich nur eine gut eingespielte Crew zu zweit auf den Canal du Midi wagen.

Erfahrungen im Leinenwerfen und -festmachen und im sachgemäßen (langsamen!) Manövrieren des Bootes sind unerlässlich, wenn nur eine Minimalbesatzung an Bord ist. Sonst sind drei Erwachsene das Mindeste. Wer lieber zu zweit allein an Bord ist oder wem das Schleusen schlicht lästig ist, der halte sich an die Gewässer östlich des Étang de Thau. Dort gibt es überhaupt nur vier Schleusen, die alle elektrifiziert sind, und wer will, der kann einen einwöchigen Törn so planen, dass er keine von ihnen passieren muss. Die Landschaft hier ist eintöniger, bezieht ihren Reiz aber aus der unmittelbaren Meeresnähe. Die Badestrände sind an mehreren Stellen nicht nur in Sichtweite, sondern in fünf bis zehn Minuten zu Fuß erreichbar.

Alle namhaften Bootsvermieter in Frankreich haben sich am Canal du Midi und in seiner Umgebung niedergelassen – teilweise mit zwei oder gar drei Basen. Dadurch werden auch Einwegtouren möglich. Das Auto wird einem gegen entsprechende Gebühr hinterhergefahren, oder man fährt am Ende mit der Bahn zurück und holt es.

Pionierarbeit in Sachen Charterboot hat die englische Firma Blue Line seit Anfang der 1970er-Jahre am Canal du Midi geleistet, inzwischen mit Crown Cruisers zu Crown Blue Line zusammengeschlossen. Aus England stammt auch Connoisseur, dessen Heimat in den englischen Norfolk Broads liegt. Crown Blue Line und Connoisseur gehören übrigens beide einem englischen Reiseunternehmen, das der deutsche TUI-Konzern übernommen hat. Sie werben gemeinsam als „Le Boat". Die überregional tätigen französischen Firmen heißen Rive de France, Locaboat und Nicols.

Das Charterbootgeschäft hat sich in den letzten Jahren kräftig gewandelt. Die meisten großen Firmen haben eigene Vertretungen in Deutschland eröffnet, kleinere Agenturen sind größer geworden oder haben schließen müssen – nicht zuletzt unter dem Druck von Direktbuchungen über das Internet.

Das ist sehr bedauerlich, denn firmenunabhängige Spezialbüros können wirklich frei von Eigeninteressen beraten und dem Charterer zum richtigen Boot in einem geeigneten Revier verhelfen. Sie leben von und mit einer Stammkundschaft und bieten in der Regel eine persönliche Betreuung, die man bei Massenveranstaltern vergeblich sucht. Weil sie mit mehreren Bootsvermietern zusammenarbeiten, verfügen sie zudem über eine größere Auswahl an Schiffen und finden im Zweifelsfall immer noch irgendwo ein freies Boot, wenn der ursprünglich ausgeguckte Motorkreuzer zum Wunschtermin schon besetzt ist. Wer meint, er könne unmittelbar vor Ort billiger buchen, der irrt. Denn die Agenturen vermitteln Boote zu Originalpreisen und erhalten ihre Provision vom Vermieter.

Wer vorher oder im Anschluss an die Bootstour noch eine Zeit-

Sonnige Fahrt auf dem Fluss Lez südlich von Montpellier.

lang an Land verweilen will, der tut recht daran. Es gibt in den buchstäblich aus dem Sand gestampften südfranzösischen Küstenorten jede Menge Touristensilos, in denen sich außerhalb der Hochsaison leicht eine „Schublade mit zwei Fächern" finden lässt. Wer etwas stilvoller in gewachsener Umgebung zwischen der einheimischen Bevölkerung leben will, dem empfehle ich, beim französischen Fremdenverkehrsbüro nach Veranstaltern zu fragen, die Villen, Häuser und Wohnungen anbieten. Die Anschrift: Maison de la France, Postfach 100128, 60001 Frankfurt, Telefon 0190/570025, Fax 0190/599061 (jeweils 49 Cent pro Minute), Internet: www.franceguide.com. Manche Menschen ziehen den Aufenthalt in einer hübschen Herberge vor. Ein jährlich neu aufgelegter Band „Le Guide des Hôtels-Restaurants" der Vereinigung „Logis de France" enthält über 3000 unabhängige Gasthöfe und kleinere preisgünstige Hotels in ganz Frankreich. Sie heben sich in Sachen Bewirtung und Unterbringung ganz vorteilhaft von den in Mode gekommenen Ketten-Motels ab, die an Einfallstraßen und in Industriegebieten scheinbar günstige Angebote machen. Mit ihren Einheitszimmern und ebensolchen Speisekarten sind letztere geeignet, das Bild unserer Nachbarn als das eines Volkes von sinnenfrohen Individualisten nachhaltig zu zerstören.

Wir haben auf unserer bisher letzten Midi-Reise im Hotel „L'Ousteau Camarguen" in Grau du Roi Station gemacht und

Abendstimmung auf dem Étang de Thau.

können das Haus mit den drei Kaminen (entspricht drei Sternen) als angenehme Oase im Küstentrubel wärmstens empfehlen.

Wer die Wahl zwischen mehr als tausend Booten hat, der hat auch die Qual, für welchen Typ er sich entscheiden soll. Grundsätzlich gilt: Stets eine Nummer größer als nötig!

Der Salon sollte möglichst am Abend nicht umgebaut werden müssen, um unterschiedliche Schlafgewohnheiten abends und morgens nicht zu beeinträchtigen. Man bedenke: Alle sitzen buchstäblich in einem Boot, verglichen mit dem Platz an Land also immer noch eng genug! Da kommt es oft wegen Nichtigkeiten zu Reibereien. Also sollte sich jeder an ein ruhiges Plätzchen zurückziehen können.

Viele wissen genau, wie ihre Traumyacht auszusehen hat. Ein Flussboot ist aber nicht dazu gebaut, kühn die Wellen zu durchschneiden. Die eher plumpen Badewannen mit ihrem Steuerstand vorn und einer Art Balkon ganz vorn am Bug sind für einen geselligen Familienurlaub wahrscheinlich am besten geeignet. Weil alle Kabinen auf einer Ebene liegen, fällt die Stolpergefahr durch Treppen schon mal weg. Boote mit dem Steuerstand in der Mitte oder im Heck lenken sich grundsätzlich leichter. Denn beim Schiff schwenkt ja im Gegensatz zum Auto das Heck herum, wenn's um die Biegung geht. Das lässt sich besser übersehen, wenn das Schiff in voller Länge vor einem liegt. Der Steuermann bezahlt diesen Vorteil womöglich mit einer zeitweiligen Einsamkeit am Ruder.

Sehr beliebt geworden sind die Boote mit einem zweiten offenen Steuerstand auf dem Kabinendach, einer sogenannten „Flybridge". Von hier sind Überblick und Rundumsicht vorzüglich, beim Anlegen und in den Schleusen ist die Feinsteuerung allerdings erschwert, weil die äußeren Begrenzungen des Rumpfes meist nicht im Blick liegen.

Vermietung von Charterbooten ist natürlich auch ein Geschäft. Unseriöse schwarze Schafe mit schlecht gewarteten Booten haben am hart umkämpften Canal du Midi schon vor Jahren dicht machen müssen.

Technische Daten zu den Wasserstraßen

Canal d'Arles à Fos-sur-Mer
Länge:	32 km
Schleusen:	1, Länge 100 m x Breite 12 m
Tiefgang:	1,20 m
Durchfahrtshöhe:	3,50 m

Kleine Rhône
Länge:	20 km bis zum Verbindungskanal St. Gilles, von dort 37 km bis Grau d'Orgon (für Charterboote Stopp nach km 34)
Schleusen:	1, am Verbindungskanal St. Gilles, Länge 195 m x Breite 12 m
Tiefgang:	2,20 m bis zum Verbindungskanal St. Gilles, danach 0,70 m
Durchfahrtshöhe:	4,75 m auf dem Abschnitt bis zum Verbindungskanal St. Gilles, danach 2,70/2,50 m (je nach Wasserstand) für das Kabel der Seilfähre bei Sauvage
Geschwindigkeit:	bis 15 km/h

Lez
Länge:	Von Palavas bis Lattes 5 km
Schleusen:	1, Länge 30 m x Breite 5,20 m
Tiefgang:	2 m
Durchfahrtshöhe:	3,30 m

Canal du Rhône à Sète
Länge:	98 km
Schleusen:	1, Länge 80 m x Breite 12 m 1, am Verbindungskanal St. Gilles, Länge 195 m x Breite 12 m
Tiefgang:	2,20 m zwischen Verbindungskanal und Sète, sonst 1,80 m
Durchfahrtshöhe:	4,10 m
Geschwindigkeit:	bis 10 km/h

Étang de Thau

Fahrtstrecke:	17 km von Sète nach Les Onglous
Tiefgang:	mindestens 2,00 m
	in Marseillan: 1,60 m
	in Mèze: 2,50 m
	in Bouzigues: 2,50 m

Canal du Midi

Länge:	240 km
Schleusen:	91, Länge 30 m x Breite 5,60 m
Tiefgang:	1,60 m
Durchfahrtshöhe:	3,25 m
Tunnel von Malpas:	Länge 161 m x Breite 6,45 m x Höhe 5 m
Geschwindigkeit:	bis 8 km/h

Hérault

Länge:	Von Agde bis Bessan 7 km
	Von Agde bis Le Grau d'Agde 5 km
Schleusen:	1, Rundschleuse in Agde
Tiefgang:	Von Agde bis Bessan 1,60 m
	Von Agde bis Le Grau d'Agde 2,90 m
Durchfahrtshöhe:	Von Agde bis Bessan keine Brücke
	Von Agde bis Le Grau d'Agde 4,20 m

Canal de la Robine

Länge:	Ab Canal du Midi als Canal de Jonction (Verbindungskanal) 5 km,
	600 m auf der Aude,
	32 km von der Schleuse Moussoulens bis Port-la-Nouvelle
Schleusen:	7 auf dem Canal de Jonction
	6 auf der Strecke von Moussoulens bis Port-la-Nouvelle
	Länge 40,50 m x Breite 5,85 m
Tiefgang:	1,60 m
Durchfahrtshöhe:	3,30 m
Geschwindigkeit:	bis 8 km/h

Arles 1
100 m x 12 m

Barriol

Arles

`1`

Rhône

2

Montcalde 2
offen, Breite: 8 m

3

4

Mas d'Aling

la Tour d'Aling

`5`

Mas de la Ville

6

Mas Neuf
des Sansouires

7

*Canal d'Arles
à Fos-sur-Mer*

Grand
Mollégès

8

Terrin

9

`10`

Millet

Mas d'Icard des Vautes

11

Mas de
l'Hôste

12   *Canal du Vigueirat*

Rhône

13

la Galère

14

Mas de Lanau

l'Armelliére

Beynes

`15`

les Bécasses

16

Giraud

17

Canal d'Arles à Fos-sur-Mer

Es gibt zweifellos schönere Kanäle auf der Welt, aber es gibt kaum einen, der zurzeit seltener befahren wird als der 32 Kilometer lange Kanal von Arles nach Fos-sur-Mer. Dabei hat der Wasserweg eine achtzehnhundertjährige Tradition: Schon die Römer ließen parallel zur versandeten Rhône einen Kanal von Arles zum Mittelmeer graben, von dem die Mündungsstadt Fos sogar ihren Namen hat. Dass der Kanal so ruhig ist, hängt mit dem Rhône-Ausbau zusammen. Wie schon die Sackgasse St. Gilles – Beaucaire entstand der tote Arm, als neue Wasserwege für eine großvolumige Binnenschifffahrt angelegt worden waren.

Der große Kanal nach Fos-sur-Mer zweigt nun im rechten Winkel knapp oberhalb der Fähre von Barcarin von der Rhône ab. Damit wurde der alte Kanal für die Berufsschifffahrt überflüssig und kurz vor Fos mit einer niedrigen Brücke und einem Flutwehr gesperrt.

Am anderen Ende beginnt der Kanal an der Rhône am Stadtrand von Arles mit einer großen Schleuse: 100 Meter lang und 12 Meter breit. Die Schleuse ist elektrifiziert, die Hubhöhe je nach Wasserstand der Rhône beträgt nicht viel mehr als einen Meter. Senkrechte Stangen in den Schleusenwänden gibt's nicht, aber gewaltige Poller auf dem Beckenrand. Kleinere Boote werden an den Leitern festmachen können, die auf beiden Seiten schier endlos in die Höhe führen.

Der Schleusenwärter hat eine Fünf-Tage-Woche und im Übrigen einen Traumjob: Ab und zu einen Lastkahn zu einem hinter der Schleuse liegenden Gewerbegebiet, dazu pro Woche eine Handvoll Hausboote, die kühn von der Kleinen Rhône viereinhalb Kilometer auf der großen Rhône an Arles vorbeigefahren sind. An der Verzweigung der beiden Mündungsarme ist eine Sandbank zu beachten, an deren Spitze ein Schild mit Wegweiser steht.

Die Fahrrinne auf der großen Rhône verläuft zunächst am östlichen Ufer, drei rote Tonnen warnen davor, sich dem westlichen zu nähern. Zwischen den Brücken bis zur Kanaleinfahrt, weniger als einen Kilometer flussabwärts am östlichen Ufer, ist die Rhône in voller Breite schiffbar.

Diese Navigation sollte auch Anfängern zumutbar sein, die sich freilich von den allerdings höchst selten zu sehenden großen Binnen- und Küstenmotorschiffen am besten in respektvoller Entfernung halten. Allerdings: Bei Hochwasser könnten manche der stark gedrosselten Motoren der Strömung nicht gewachsen sein. Auch das Anlegen ist unter solchen Bedingungen nicht ganz einfach.

Wer die Schleuse von Arles passieren will, der rufe möglichst am Vortag oder einige Stunden zuvor unter der Telefonnummer 04 90 96 16 86 an. Denn niemand wird von dem Mann dort verlangen wollen, dass er bei höchstens zwei oder drei Schiffen pro Tag pausenlos in seinem Steuerhaus hoch über dem Schleusenbecken thront. Um nicht übers Wochenende im Kanal festzusitzen, befrage man den Schleusenwärter genau, wann er freitags Feierabend macht.

Arles

Sicher macht es keinerlei Mühe, ein Wochenende ohne Langeweile in Arles zu verbringen, sofern einem das Rückgabedatum des Mietboots nicht im Nacken sitzt. Das Stadtzentrum ist nur

Die Schleuse Arles: voll betriebsfähig, aber kaum benutzt.

rund einen Kilometer von der großen Schleuse entfernt. Arles gilt als Einfallstor in die Camargue. Bis heute fallen germanische Horden in die Stadt ein. Friedrich Barbarossa ließ sich hier 1187 zum König krönen. Die heutigen Ankömmlinge belagern die Cafés und Sehenswürdigkeiten, und wenn's blutig zugeht, dann beim Stierkampf in der noch aus römischer Zeit stammenden Arena. Es gibt in Südfrankreich auch eine unblutige Art, bei der eine Kokarde zwischen den Hörnern befestigt wird. Der Stier, der dieses bunte Zeichen möglichst lange mit sich herumträgt, wird so zum Star einer Saison, da sein erster Kampf nicht gleichzeitig sein letzter ist.

Mag sein, dass sich ein kunstgeschichtlich beflissener Tourist auch einmal an den Kanal hinausbegibt. Die Hauptattraktion des Canal d'Arles à Fos-sur-Mer liegt zweieinhalb Kilometer von der Einfahrtsschleuse entfernt und ist sogar zu Lande ausgeschildert: Über eine halbverfallene, heutzutage offene Schleuse spannt sich eine hölzerne Klappbrücke, die zu Weltruhm kam: Vincent van Gogh, der sich von 1888 bis zu seinem Tod im Jahre 1890 in Arles und Umgebung aufhielt, hat sie als „Brücke von Langlois mit Wäscherinnen" gemalt.

Weiter nach Süden trennt streckenweise nur ein Damm den Ka-

Wie gemalt: die Van-Gogh-Brücke am Stadtrand von Arles.

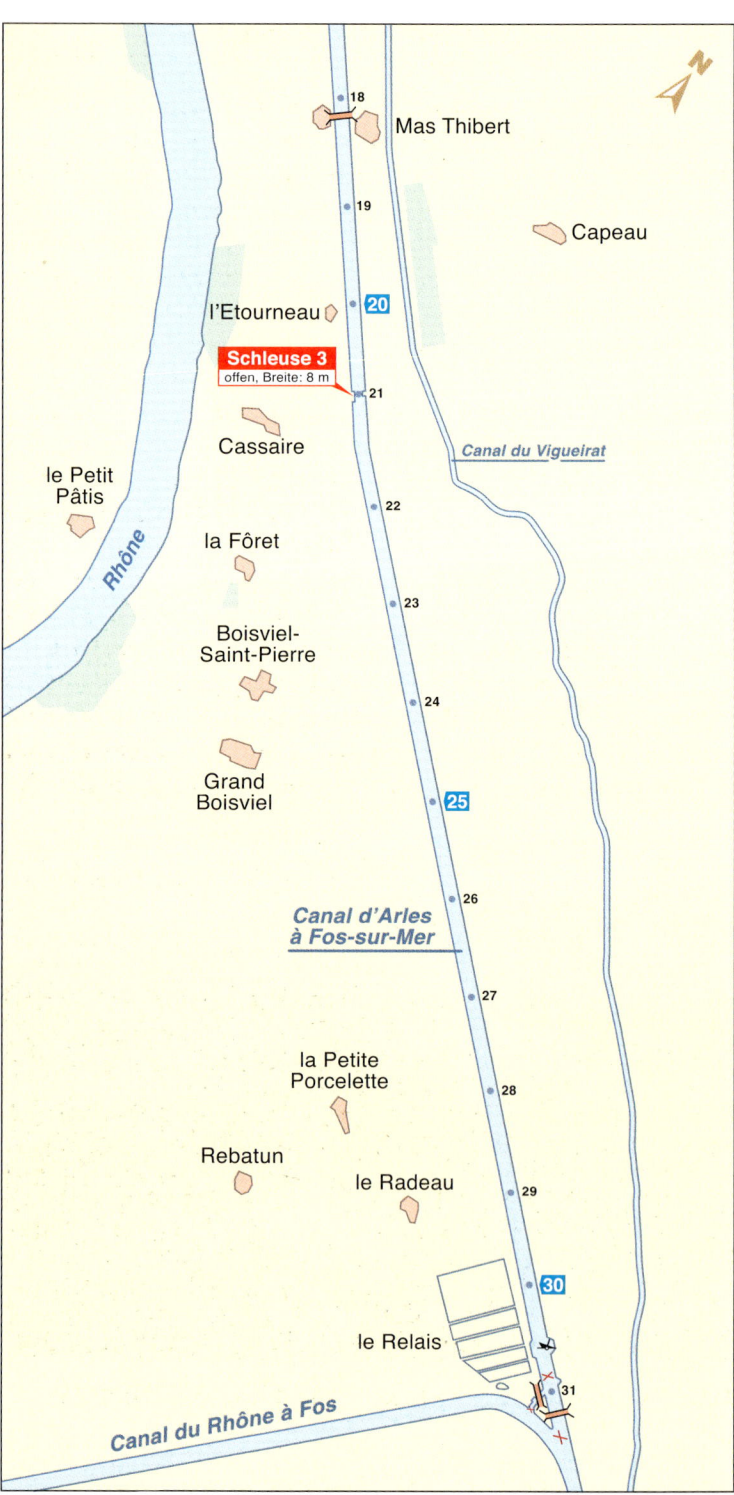

Mas Thibert

Capeau

l'Etourneau

Schleuse 3
offen, Breite: 8 m

Cassaire

Canal du Vigueirat

le Petit Pâtis

Rhône

la Fôret

Boisviel-Saint-Pierre

Grand Boisviel

Canal d'Arles à Fos-sur-Mer

la Petite Porcelette

Rebatun

le Radeau

le Relais

Canal du Rhône à Fos

18
19
20
21
22
23
24
25
26
27
28
29
30
31

nal von der Rhône, auf dem eine Straße und eine stillgelegte Eisenbahnlinie verlaufen. Die Schienen sind längst abgebaut, aber der Eisenbahnfreund erkennt an der Modellierung des Geländes den einstigen Verlauf der Gleise. Die Zeit der Züge ist hier ebenso vorbei wie die der Lastkähne auf dem benachbarten Kanal. Nun soll ja niemand nie sagen: Als in der Zeit der deutschen Besetzung der Treibstoff knapp wurde, kam das Treideln auf den Kanälen wieder in Mode, und manche halbvergessene Güterbahn ist schon als moderne S-Bahn-Trasse ausgebaut worden. Derzeit jedenfalls stehen die Signale südlich von Arles in dieser Hinsicht auf Halt, und auch der Kanal beginnt, sich von den Rändern her zu begrünen, wenn auch überall von der einstigen Fahrwassertiefe in der Mitte noch 1,20 Meter vorhanden sind – heutzutage vor allem ein Anglerparadies.

Die einzige geschlossene Siedlung unterwegs heißt Mas Thibert, nicht nur ein großes Gut, worauf der Name hindeutet, sondern ein Dorf mit einer Apotheke, zwei Schreibwarenläden mit bescheidenen anderen Einkaufsmöglichkeiten sowie ein Restaurant und Café mit dem verheißungsvollen Namen „L'Avenir" (Zukunft). Von der ist nicht viel zu sehen – als Fremder wird man hier noch so wahrgenommen, wie das in abgelegenen Or-

Die Gegend – hier an der Brücke von Mollégès – ist flach.

ten der Fall ist. Besondere Anlegemöglichkeiten sind nicht vorhanden, sodass man mühsam in Brückennähe die Böschung hinaufkrabbeln muss, um sich achtzehn Kilometer südlich von Arles zu versorgen und eventuell zu entsorgen: An der Brücke steht freundlicherweise ein Müllcontainer. Man weiß nicht so recht, ob aus Mangel an Bedarf kein Anleger gebaut wurde, oder ob deshalb so wenige Schiffe kommen, weil kein Kai vorhanden ist.

Danach wird's vollends einsam – topfeben war die Landschaft auch vorher schon. Unmittelbar nach einer offenen Schleuse bei Kilometer 21 biegt der Kanal von der Straßen- und Eisenbahntrasse ab. Wer die karge Ebene mag, wird hier durchatmen. Mancherorts haben sich die Bauern – wie an vielen Stellen in der benachbarten Camargue – gedacht: Nachdem so viele Reissäcke in China umfallen, lohnt der Anbau der Körnerfrucht mehr denn je. Statt saure Wiesen mühsam zu entwässern, fluten sie zunehmend ihre Parzellen und bauen Reis an.

Kurz vor Kanalende dann die versalzten Becken einer aufgegebenen Saline. Hinter einem hohen querlaufenden Damm verbirgt sich die Großschifffahrtsstraße der Rhône. Der Aushub wurde haushoch aufgetürmt. Am Ostufer kündet schon von weit her einer der typischen trichterförmigen französischen

Mas Thibert versteckt sich rechts und links des Kanals.

Wassertürme vom Fahrtende. Wer am Wendepunkt, breit genug zum Drehen längerer Schiffe, in der Einsamkeit anlegt, kann den Scharen von Anglern am großen Kanal einen Besuch abstatten.

Von der Brücke am Flutwehr, vor der an beiden Ufern große Schilder vor der Weiterfahrt warnen, ist das zweifelhafte Industriepanorama von Fos-sur-Mer gegen den Horizont hin zu genießen.

Baden verboten kurz vor dem Fahrtende.

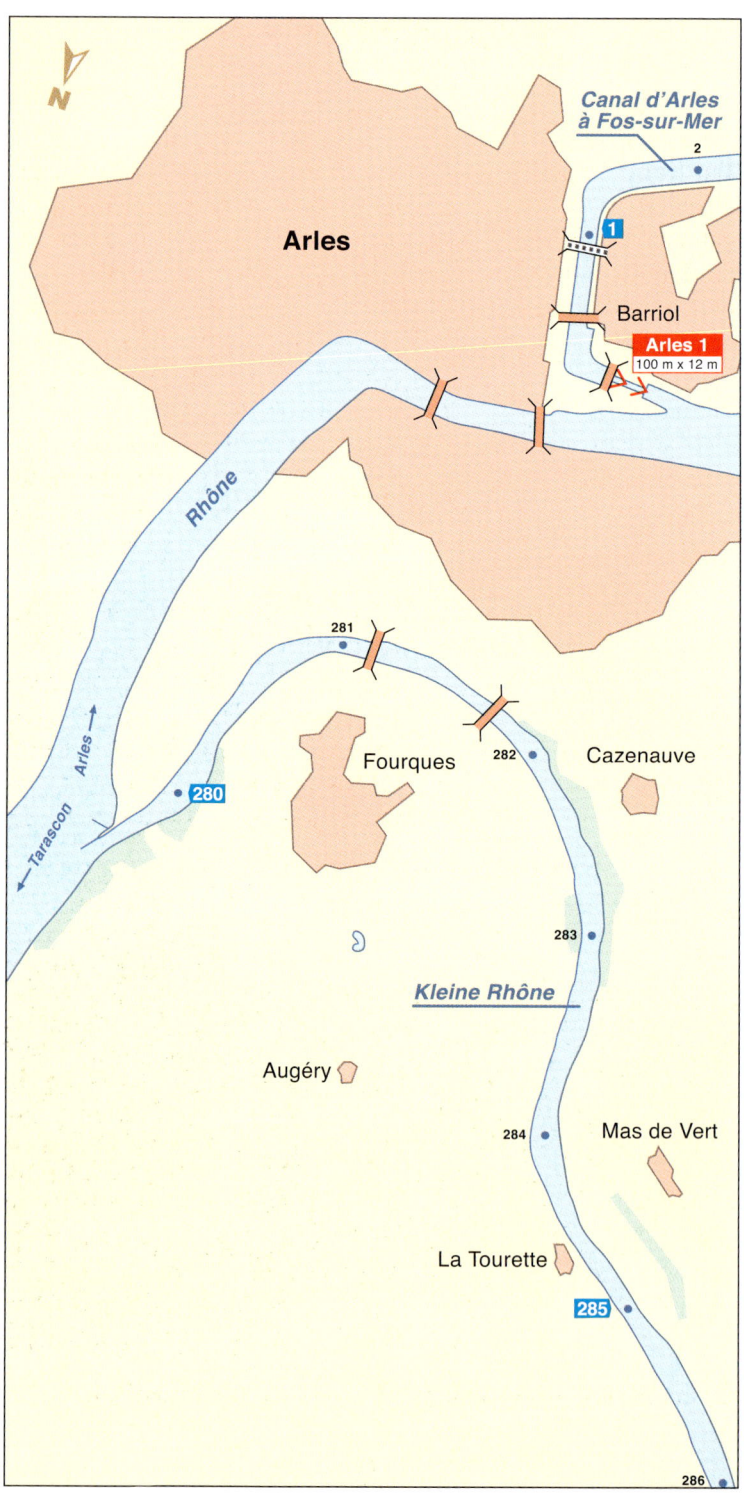

Arles

Canal d'Arles à Fos-sur-Mer

2

1

Barriol

Arles 1
100 m x 12 m

Rhône

281

Fourques

282

Cazenauve

280

Arles

Tarascon

283

Kleine Rhône

Augéry

284

Mas de Vert

La Tourette

285

286

Kleine Rhône

Ein Kanal ist ein Kanal, und ein Fluss ist ein Fluss. Vor- und Nachteile haben beide, von der Vorliebe der einzelnen Skipper ganz zu schweigen. Flüsse sind meist breiter und lieblicher in die Landschaft eingebettet, wenn auch längst nicht mehr vom lieben Gott beziehungsweise von der Natur, sondern vom Dämme bauenden, Fahrrinnen baggernden Menschen. Kanäle hingegen bieten den Vorteil, meist in ihrer gesamten Breite befahrbar zu sein, es sei denn, ein abgesunkenes Ufer hätte sich in eine Schlammbank verwandelt. Aber das bleibt dem aufmerksamen Steuermann schwerlich verborgen, der auch mal zum Kanalrand blickt: Ist der Mini-Erdrutsch schon eine Weile her, dann wachsen recht schnell Schilfstängel oder gar Seerosen aus dem Wasser.

Im Süden Frankreichs gibt es nicht viele Möglichkeiten, fließende Gewässer zu befahren: die Rhône, zur Unterscheidung von der Kleinen die Große genannt, die Kleine Rhône, dazu Teilstrecken von Vidourle, Lez, Hérault und Aude. Mit der Kraft des großen Rhône-Stromes kann sich nur ein Schiff mit entsprechender Motorisierung messen. Die meisten Mietboote haben stark gedrosselte Maschinen, um die Kapitäne auf Zeit

Gemeinschaft aus Camargue-Pferden und Seidenreihern.

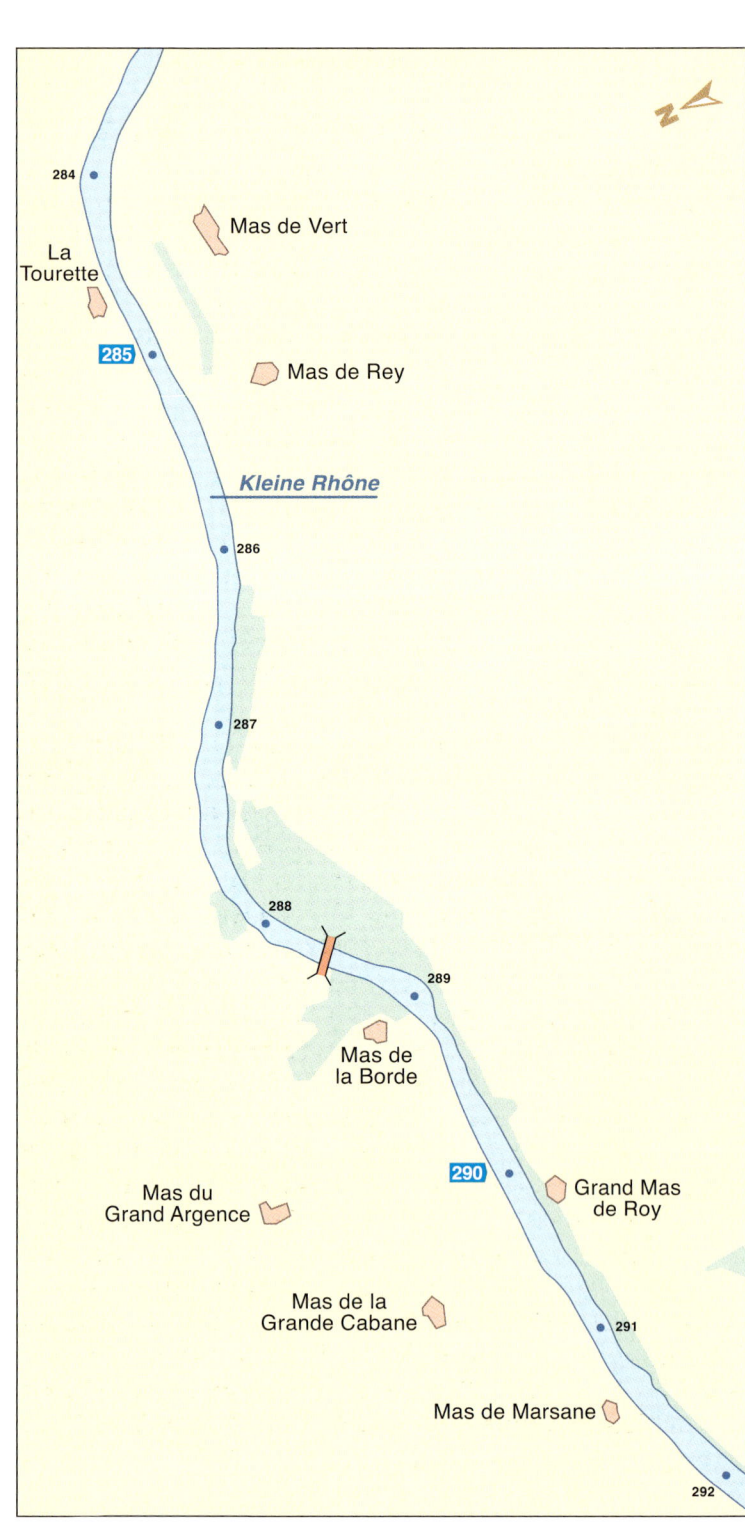

284

Mas de Vert

La
Tourette

285

Mas de Rey

Kleine Rhône

286

287

288

289

Mas de
la Borde

290

Grand Mas
de Roy

Mas du
Grand Argence

Mas de la
Grande Cabane

291

Mas de Marsane

292

nicht zu gewagten Rasereien zu verführen. Wenn der Wind zudem gegenan steht, kann's mühsam werden.

Die Kleine Rhône ist bei normalem Wasserstand völlig ungefährlich. Sie zweigt kurz vor Arles von der Rhône in westlicher Richtung ab und mündet nach rund 57 Kilometern bei Stes.-Maries-de-la-Mer ins Mittelmeer. Von der Abzweigung bis zur Schleuse von St. Gilles ist die Fahrrinne betonnt, und zwar mit roten Tonnen am westlichen und schwarzen am östlichen Ufer. An den größeren säulenförmigen Markierungen sind die Stromkilometer ablesbar. Sie reichen von 280 bis 299 kurz vor der Einfahrt in die Schleuse, bei Bedarf mit einer Stelle hinter dem Komma. Diese Anzeige ist ganz hilfreich, denn entsprechende Tafeln am Ufer sind oft völlig zugewachsen, und die Ufer der Kleinen Rhône geben wenig Anhaltspunkte zur Orientierung. Die Uferdämme auf beiden Seiten sind dicht bewachsen mit Büschen und hohen Bäumen. Da ist mit den Augen kein Durchkommen und an vielen Stellen auch nicht mit den Füßen.

Anlegen ist also sehr schwierig, selbst im Notfall, zumal außerhalb der Betonnung die Sandbänke lauern. Das ist auch der Grund, weshalb die meisten Charterfirmen ihren Kunden das Befahren der Kleinen Rhône nicht gestatten oder es ihnen durch ein paar geheimnisvolle Andeutungen verleiden. Denn ein halbwegs erfahrener Skipper wird mit langsamer Fahrt voraus und ständigem Ausloten – im Notfall mit dem Bootshaken – keinerlei Mühe haben, ans Ufer zu gelangen. Er wird auch mit längeren Leinen mit so viel Wasser unterm Kiel festmachen, dass ihn selbst eine spürbare Wasserstandsänderung über Nacht nicht in Not bringt. Wer allerdings die Chartertouristen beobachtet hat, die oft zum ersten Mal und ohne jede Erfahrung kühn mit Ruder und Gashebel bis zum Gehtnichtmehr hantieren, der wird Verständnis für die Vermieter aufbringen. Obendrein haben ihre Service-Fahrzeuge im Falle einer Havarie Schwierigkeiten, zum Boot vorzudringen, weil der nützliche Treidelpfad längs der Kleinen Rhône nicht vorhanden ist.

Brücken, die der Orientierung dienen, sind auch nicht gerade im Überfluss vorhanden: zwei Straßenbrücken auf Arles zu zwischen Stromkilometer 281 und 282, die Autobahnbrücke der A 54 zwischen Stromkilometer 288 und 289, eine Eisenbahn-

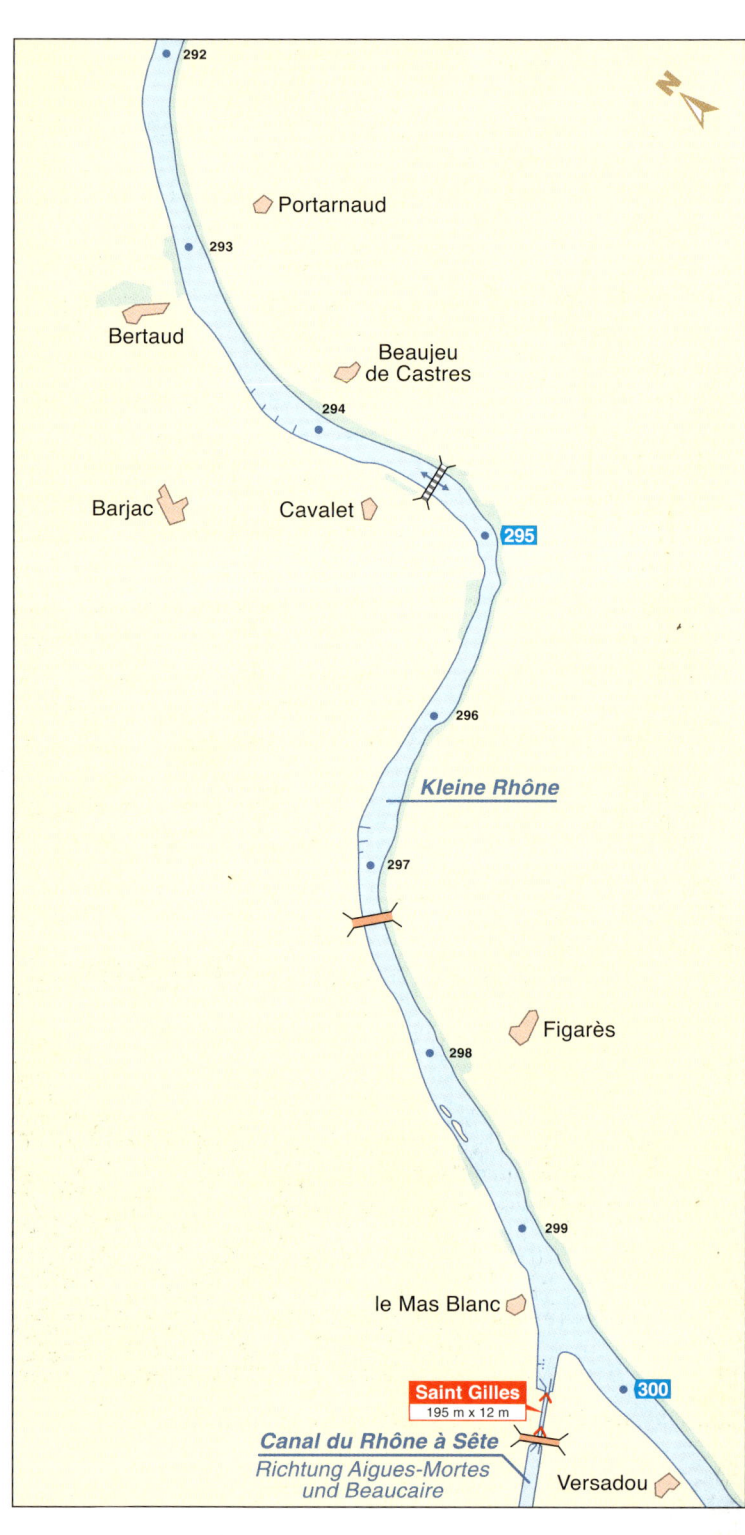

292

Portarnaud

293

Bertaud

Beaujeu
de Castres

294

Barjac

Cavalet

295

296

Kleine Rhône

297

Figarès

298

299

le Mas Blanc

Saint Gilles
195 m x 12 m

300

Canal du Rhône à Sète
Richtung Aigues-Mortes
und Beaucaire

Versadou

N

brücke zwischen Stromkilometer 294 und 295 und schließlich die Brücke der Nationalstraße 572 nahe St. Gilles zwischen Kilometer 297 und 298. Rund zwei Kilometer flussabwärts kommt dann die Einfahrt zur Schleuse St. Gilles in Sicht.

Es ist eine Kammer, die im Rahmen des Rhône-Ausbaus ganz auf einen in absehbarer Zeit nicht zu erwartenden Andrang angelegt wurde: Auf 198 Meter Länge und zwölf Meter Breite kommen sich selbst die Skipper stattlicher Wasserfahrzeuge etwas verloren vor, wenn sich die riesigen Schleusentore hinter ihnen schließen. Selbstverständlich ist die Schleuse elektrifiziert. Sie wird von einem erhöhten Turm aus gesteuert. Der Mann da oben verständigt sich mit den Schiffsbesatzungen durch Licht- und Handzeichen. Rot heißt halt, grün bedeutet einfahren, Handzeichen meist Bonjour oder Au revoir. Die Hubhöhe in der Schleuse ist bescheiden und hängt vom Wasserstand der Kleinen Rhône ab. Festmachen in der Kammer: problemlos. Selbst wenn durch Hochwasser auf dem Fluss einmal mehr als zwei Meter Differenz zu überwinden ist: Wallende Wasser sind nicht zu befürchten, in dem riesigen Becken verläuft sich alles.

Wer vor die geschlossenen Tore kommt, braucht sich nicht an die steilen Böschungen heranzuwagen. Auf jeder Seite der

Eindrucksvoller Bogen: die Brücke von St. Gilles.

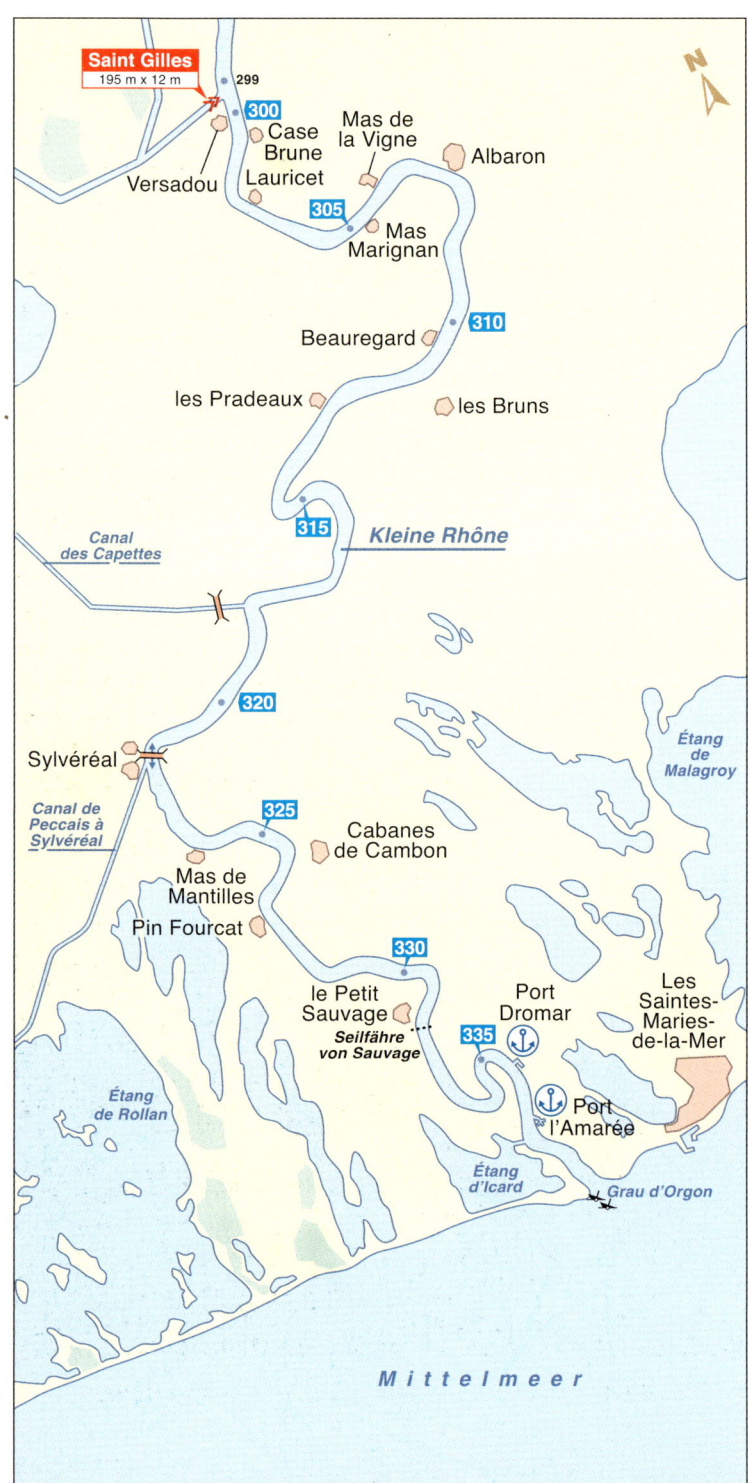

Schleuse haben die Erbauer in sicherer Wassertiefe drei Anlegetürme errichtet, von denen aber nur der mittlere durch eine Brücke mit dem Ufer verbunden ist. Von Übernachtungen ist abzuraten, denn sollte noch zu später Stunde ein Frachtschiff kommen und der Schleusenwärter schon Feierabend gemacht hat, kann es Ärger geben. Zu sehen gibt es hier nicht viel, denn die Schleuse und der anschließende anderthalb Kilometer lange Verbindungskanal zum Canal du Rhône à Sète wurden ausschließlich danach geplant, wo die Verbindung zwischen beiden Wasserstraßen am kürzesten ist. St. Gilles, das der Schleuse den Namen gibt, ist immerhin vier Kilometer weit entfernt.

Wer die restlichen 37 Kilometer bis zum Mittelmeer befahren will, für den ändert sich das äußere Bild wenig: Die Ufer sind weiterhin dicht bewachsen, die hilfreichen Tonnen allerdings fehlen. Stromkilometer am Ufer sind bis zur Nummer 331 kurz hinter der Fähre von Sauvage markiert, aber häufig zugewachsen. Um die Orientierung nicht gänzlich zu verlieren, sollte man sich in dem mäandernden Fluss die zurückgelegten Kurven abstreichen. Die gedachte Fahrrinne verläuft in der Flussmitte, in Kurven eher außen: In fast jeder Biegung haben sich an der Innenseite mehr oder weniger lange und breite Sandbänke abgelagert.

Mit mehr als 70 Zentimeter Tiefgang sollte sich niemand bei normalem Wasserstand auf den unteren Teil der Kleinen Rhône wagen. Und wer sich trotz aller Vorsicht festfährt: Nur keine Pa-

Unterhalb der Brücke von Sylvéréal gibt's keine Tonnen.

nik! Zunächst volle Kraft zurück, und wenn das nicht hilft, muss jemand ins Wasser und schieben. Denn wo sich ein Schiff mit 60, 70 Zentimeter Tiefgang im Sand festfährt, findet im Allgemeinen ein erwachsener Mensch festen Stand, um das Boot wieder ins freie Wasser zu schieben. Schwimmwesten zur Sicherheit sind hilfreich, sich anzuleinen, ist kein Fehler, zumal es sich bei der Kleinen Rhône um einen Fluss handelt.

Die Kleine Rhône fließt langsam, schätzungsweise zwei Stundenkilometer. Die müssen zur Reisegeschwindigkeit des Bootes hinzugezählt beziehungsweise abgezogen werden – je nachdem, in welcher Richtung man unterwegs ist.

Ortschaften berührt die Kleine Rhône nicht. Dementsprechend mangelt es auch an Versorgungsmöglichkeiten. Bei Kilometer 321 kreuzt eine Landstraße über die Brücke von Sylvéréal den Fluss. Segler, die danach in Erwartung des offenen Meeres ihren Mast setzen wollen, handeln verfrüht: Neun Kilometer weiter fährt eine Fähre an einem Stahlseil zwischen den Ufern hin und her. Dieses Kabel ist in einer Höhe von nur 2,50 Meter gespannt. Erst danach ist der Weg ins Mittelmeer frei, der Charterbootfahrern strengstens verboten ist: Mit ihrem kiellosen Rumpf und den schwachen Motoren wären sie ein hilfloser Spielball von Wind und Wellen.

Die Seilfähre von Sauvage begrenzt die Durchfahrtshöhe.

Canal du Rhône à Sète

Beaucaire ist eine jener südfranzösischen Städte mit großer Geschichte und stürmischer Vergangenheit, wovon der heutige Besucher wenig bis nichts spürte, wären da nicht ein paar steinerne Zeugen stehen geblieben: weithin sichtbar das Schloss auf dem Rhône-Ufer, die Kirchen St. Paul und Notre Dame des Pommiers, das Rathaus aus dem 17. Jahrhundert, das in Frankreich „Hôtel de Ville" heißt, und in dem schon mancher unkundige Tourist vergebens Herberge heischte.

Die wirtschaftliche Vergangenheit spiegelt sich in einigen reich verzierten Bürgerhäusern wider. Dass hier seit dem 13. Jahrhundert einer der bedeutendsten Messeplätze Europas war, lässt sich nur noch ahnen. Das Städtchen mit heute 13 000 Einwohnern dämmert am Rhôneufer vor sich hin. Der Eingang zum Canal du Rhône à Sète ist seit Jahren geschlossen, die Rhône fließt außen vorbei, ohne dass Beaucaire größeren wirtschaftlichen Nutzen von seiner Lage dicht an der mächtigen Wasserstraße zöge.

Der Kanalhafen ist zur Sackgasse geworden. Zu beiden Seiten fahren die Autos über die Rhônebrücke, die nach Tarascon hinüberführt. Wer den viertelstündigen Fußmarsch nicht scheut,

Still ist der lebhafte Hafen mitten in Beaucaire nicht.

Tarascon

Beaucaire

Beaucaire 1
Gesperrt

0

2

*Canal du
Rhône à Sète*

3

4

5

6

Mas de Laffont

7

Nourriguier 2
80 m x 12 m

Mas de
Saint-Henri

8

9

10

11

*Canal d'irrigation
du Bas Rhône - Languedoc*

12

13

Bellegarde

14

15

Rhône

der wird am anderen Ufer von einem befestigten Wasserschloss begrüßt: Einst bildete die Rhône die Grenze zwischen dem Einflussgebiet der Grafen von Toulouse und der Provence.

Tarascon ist von ähnlicher Größe wie Beaucaire. Wer hüben wie drüben durch die engen Gassen der Altstadt wandert, spürt deutlich, dass sie einst für Fußgänger und Esel, nicht aber für Autos angelegt wurden.

Beaucaire

Der mitten in der Stadt gelegene Hafen von Beaucaire ist mit großem Aufwand von Handels- auf Freizeitschifffahrt umgestellt worden. Man hat Anleger für größere und Schwimmstege für kleinere Schiffe gebaut, dazu die Kais ansprechend mit Bäumen und Blumen bepflanzt. Die Anlage mit ihren Pinien und dem Café unter Platanen macht durchaus den Eindruck eines heiteren Mittelmeerhafens, dem nur eines fehlt: der direkte Zugang zur Rhône und damit ein kurzer Weg zur offenen See. Seit Jahren soll die stillgelegte Schleuse wieder geöffnet werden, was die Anziehungskraft der Stadt für Freizeitschiffer sicher erhöhen würde. Es würde damit auch eine Verbindung geschaffen zur Segelschule draußen am aufgestauten Strom.

Selbstbedienung in der Schleuse Nourriguier.

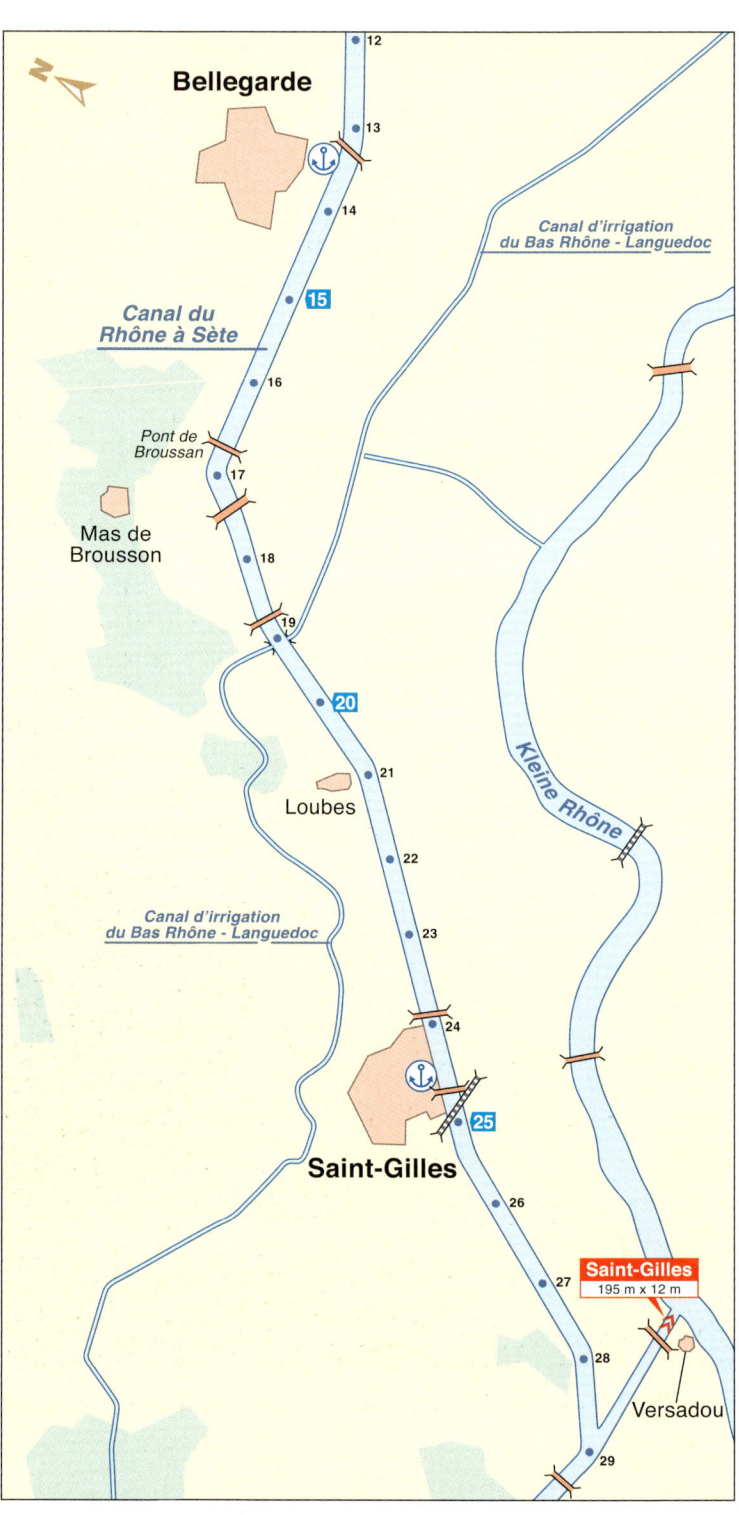

Bellegarde

12

13

14

*Canal d'irrigation
du Bas Rhône - Languedoc*

15

*Canal du
Rhône à Sète*

16

*Pont de
Broussan*

17

Mas de
Brousson

18

19

20

21

Loubes

22

*Canal d'irrigation
du Bas Rhône - Languedoc*

23

24

Kleine Rhône

25

Saint-Gilles

26

27

Saint-Gilles
195 m x 12 m

28

Versadou

29

Erstaunlicherweise wurde bei der Erneuerung des Hafens auch eine Hubbrücke mitten über das Becken gebaut, die nur gut drei Meter Durchfahrtshöhe hat. Sie kann bei Bedarf auf 5,50 Meter angehoben werden. Das Maison de Tourisme liegt unmittelbar an dieser Brücke. Der Michelin-Führer rät, zu preiswerter regionaler Küche „Les Vignes Blanches" und „L'Oliverai" aufzusuchen, beide an der Route de Nîmes gelegen. Wer lieber an Bord speist, ist mit ein paar Schritten zu Einkäufen in der Innenstadt.

Von Beaucaire sind es übrigens nicht mehr als 20 Kilometer bis zum weltberühmten Pont du Gard, jenem eindrucksvollen Rest der römischen Wasserleitung aus den Bergen nach Nîmes. Auf der Straße dorthin, etwa zwei Kilometer außerhalb von Beaucaire, liegt der Gasthof „Robinson", eine Oase der Ruhe mit wunderschön angelegtem Garten und Sportmöglichkeiten. Kinder können hier gefahrlos herumtoben. Wer nicht unbedingt jeden Tag das Meer sehen muss, findet hier im Dreieck zwischen Avignon, Arles und Nîmes ein günstiges Domizil. „Robinson" und „L'Oliverai" gehören zu den „Logis-de-France"-Gasthöfen. Da der Hafen von Beaucaire wegen des Verkehrslärms zur Übernachtung ungeeignet ist, muss man mindestens vier Kilometer aus der Stadt hinaustuckern, ehe man an einer Zementfa-

In Bellegarde hat sich eine Charterfirma niedergelassen.

brik und anderen Industrieanlagen vorüber ist. Dabei kommt man an einer Charterbasis vorbei, wo es in jedem Fall Wasser gibt, falls man im gut belegten Hafen keine intakte Quelle gefunden hat. Dieses Verlegen ins Grüne geht auch noch bei Einbruch der Dämmerung, weil die erste und einzige Schleuse auf dem Weg nach Sète erst nach sieben Kilometern folgt.

Diese Schleuse von Nourriguier ist 80 Meter lang und 12 Meter breit, von neuerer Bauart und elektrifiziert. Um die Tore und Schieber in Gang zu setzen, muss ein Mitglied der Besatzung in dem kleinen Kommandohaus einen einzigen Knopf drücken. Die Sache ist kinderleicht, und die Wasserstandsänderung von vier Metern geschieht sehr sanft.

Zwischen Beaucaire und St. Gilles führt der Kanal zwischen dicht bewachsenen Ufern entlang. Weil es auf dieser Strecke kaum noch Berufsschifffahrt gibt – die zweigt mehrheitlich vor St. Gilles in die Kleine Rhône ab –, sind die berufsmäßigen Baum- und Buschroder hier selten im Einsatz. Hinter den immergrünen Wänden, die das Wasser säumen, dehnen sich weite Weinfelder. An der Brücke von Bellegarde, am Ende einer elf Kilometer langen schnurgeraden Kanalstrecke, wurde zu beiden Ufern ein Hafen angelegt. Der Nordkai trägt den Namen von Paul Riquet, dem Schöpfer des Canal du Midi. Hier befin-

Begrünte Ufer zwischen Bellegarde und St. Gilles.

den sich ein Restaurant, die Hafenmeisterei, eine Charterbasis sowie sanitäre Einrichtungen. Der Kai gegenüber ist nach Paulin Talabot benannt, einem weniger berühmten Ingenieur, der von 1799 bis 1885 lebte und den Canal du Rhône à Sète plante. Bis in den von Weinfeldern umgebenen Ort Bellegarde mit unerwartet vielfältigen Einkaufsmöglichkeiten sind es nur ein paar Hundert Meter. Auf halbem Weg liegt die Genossenschaftskellerei, die für eine Weinprobe gut ist.

St. Gilles

Vierundzwanzig Kilometer von Beaucaire entfernt führt der Kanal unmittelbar an St. Gilles vorbei. Auch diese Stadt hat eine lange Vergangenheit mit einer Blütezeit im Mittelalter, als die Stadt viermal so viel Einwohner wie heute zählte. Die romanische Fassade der Kirche ist echt, der Sarkophag mit den Gebeinen des Heiligen Aegidius, von dem die Stadt ihren Namen hat, ist es nicht.

Das Städtchen macht einen sehr lebhaften Eindruck. Möglichkeiten zum Essen, Trinken und Einkaufen finden sich in der verkehrsreichen Hauptstraße, die unmittelbar am Kanalhafen beginnt. Der ist recht voll mit Privatbooten und denen einer

Südliche Atmosphäre im Hafen von St. Gilles.

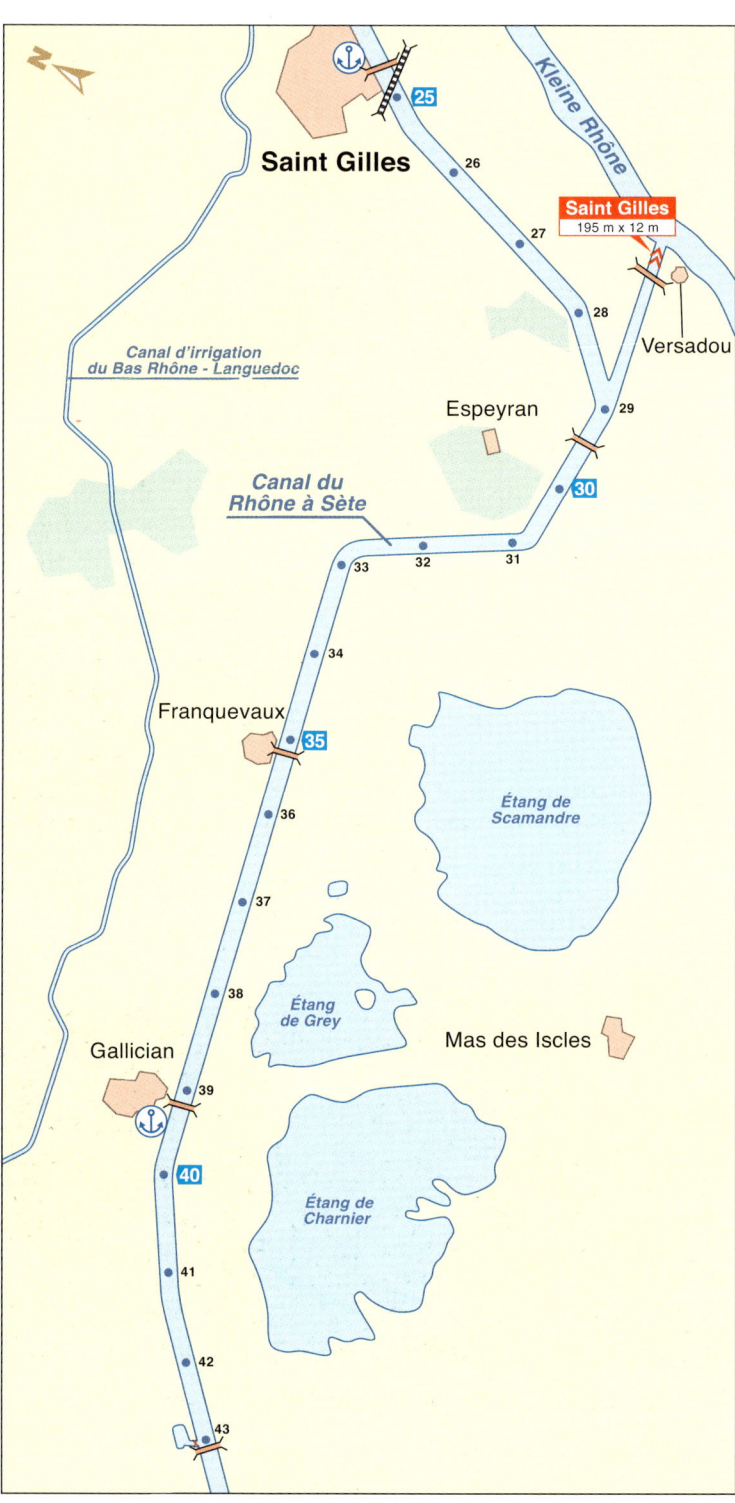

Saint Gilles

Kleine Rhône

25

26

Saint Gilles
195 m x 12 m

27

28

Versadou

29

Canal d'irrigation
du Bas Rhône - Languedoc

Espeyran

30

Canal du
Rhône à Sète

31

32

33

34

Franquevaux

35

36

Étang de
Scamandre

37

38

Étang
de Grey

Gallician

39

Mas des Iscles

40

Étang de
Charnier

41

42

43

Charterbasis, sodass es gar nicht immer leicht ist, hier einen Liegeplatz zu bekommen.

Das ist kein Fehler, denn die Aussicht vom Hafen auf eine stillgelegte Destillerie, deren nur unzureichend von langsam wachsenden Pinien verdeckte, silbrig glänzende Rohre wie eine Kleinausgabe von BASF aussehen, ist nicht unbedingt ein Augenschmaus. Allerdings – und daran wird man noch oft erinnert – sind die Kanäle nicht zu touristischen Zwecken, sondern aus wirtschaftlichen Gründen angelegt worden. Speicheranlagen und Fabriken, die nahe des nützlichen Wasserwegs gebaut wurden, sind nur in seltenen Fällen Wunderwerke der Architektur. Wenn man unter der viel befahrenen Straßenbrücke hindurchfährt, setzt sich der Kai fort – mit der Aussicht auf Tankanlagen, in denen Wein lagert.

Nach weiteren vier Kilometern kommt auf der linken Seite der Abzweig zur Kleinen Rhône in Sicht. Von hier ab ist wieder mit Berufsverkehr zu rechnen, der von der Rhône nach Sète fährt. Dieser Frachtschifffahrt könnte leicht ein eigenes Kapitel gewidmet werden, ein Kapitel voller Wehmut über Vergangenes und Versäumtes. Lange Zeit musste man Glück haben, wenn man zwischen Arles und Toulouse noch einen richtigen Lastkahn sehen wollte. Nach dem weitgehenden Ausbau des Was-

Der Pfeil weist den Wasserweg zur Kleinen Rhône.

serweges von der Rhône zum Mittelmeerhafen Sète – es gibt
noch eine neun Kilometer lange Engstelle östlich von Carnon –
hat die Schifffahrt wieder ein wenig zugenommen. Allerdings
sind kaum noch die Pénichen genannten traditionellen Kanal-
schiffe mit knapp vierzig Meter Länge unterwegs, sondern sehr
viel größere Frachter. Wegen der Enge des Gewässers kommen
sie streckenweise nur mit 6 km/h und weniger voran. Für die
großen Schiffe ist Sète Endstation, für die Pénichen Béziers.
Weiter westlich können sie nicht, bestenfalls nach Süden über
den Canal de la Robine nach Port-la-Nouvelle am Mittelmeer.
Denn obwohl ein Gesetz im Jahre 1907 erlassen wurde, nach
dem alle französischen Schleusen auf vierzig Meter verlängert
werden sollten, klafft bis heute oberhalb von Béziers bis Ayguesvives, zwanzig Kilometer vor Toulouse, eine Ausbaulücke:
Hier sind die Schleusen nur dreißig Meter lang, ein Maß, das
der Erbauer des Canal du Midi, Pierre-Paul Riquet, schon vor
über dreihundert Jahren vorgegeben hatte. Die zeitweilige Wasserknappheit am Kanal Anfang der 1990er-Jahre hat die Pläne
zur Vertiefung und zur Verlängerung der Schleusen in die Ak-
tenschränke wandern und den Durchhaltewillen der wenigen
verbliebenen Kanalschiffer erlahmen lassen.

Brücke und Anleger nahe des Dorfes Gallician.

Die Postbarke fuhr doppelt so schnell

Natürlich sind die kurzen Schleusen und ihre mehr als zögerliche Verlängerung nur ein Grund für den Niedergang der Berufsschifffahrt. Der andere heißt: Geschwindigkeit. Was der Konkurrenz der Eisenbahn über hundert Jahre lang nicht gelang, schaffte der Lkw nach dem Zweiten Weltkrieg: Der Transport auf den französischen Wasserwegen ging den Bach hinunter.

Im 19. Jahrhundert hatte die Compagnie du Canal du Midi die Herausforderung noch angenommen: Die Postbarke von Toulouse nach Sète erreichte eine Durchschnittsgeschwindigkeit von 11 km/h. Sie fuhr Tag und Nacht, alle acht Kilometer wurden die Pferde gewechselt, mit denen das Schiff auf dem Treidelpfad gezogen wurde. Obwohl Pferd und Maultier in den 1930er-Jahren durch Dieselmotoren abgelöst wurden, tuckern die Lastkähne mit ziemlich genau jenem Fußgängertempo dahin, mit dem arme Schiffer früher ihren Kahn mit Menschenkraft den Treidelpfad entlangzogen.

Einige Schiffseigner haben aus der Not eine Tugend gemacht und ihre Pénichen zu Fahrgastschiffen umgebaut. Es gibt im Wesentlichen drei Typen: Restaurantschiffe für Tagesausflüge, Kähne mit Schlafsälen wie in Jugendherbergen, auf denen Kinder wochenweise in der Gegend herumfahren, und schließlich Nobeldampfer, auf denen sich eine kleine Zahl von Passagieren mit großem Aufwand verwöhnen lässt. Mitunter folgt dem Schiff ein Kleinbus zu Landpartien für die anspruchsvollen Gäste.

Immerhin – die umgebauten Lastkähne geben wenigstens einigen Flussschiffern Brot und Arbeit. Zum Teil können die Leute einen jahrhundertelangen Stammbaum vorweisen, der ihre Vorfahren auf dem Wasser bezeugt. Zum anderen sind diese Schiffe Urheber des einmaligen Gefühls, das den Steuermann oder die Steuerfrau auf einem Segel- oder Hausboot beschleicht, wenn ein fünf Meter breites und bis zu drei Meter hohes Wasserfahrzeug um eine enge Kanalkurve biegt und auf das eigene Boot zuhält. Schließlich können mit Neulingen auf dem Wasser noch immer Wetten abgeschlossen werden, ob dergleichen Ungetüme denn nun in die engen Schleusenkammern passen.

Verbindungskanal zur Kleinen Rhône

Der Canal du Rhône à Sète ist nicht nur schleusenarm – er hat genau zwei –, er entbehrt auch jener landschaftlichen Reize, die den Canal du Midi bei den Freizeitschiffern so beliebt gemacht haben. Das liegt nicht nur am Ausbau zur Großschifffahrtsstraße, bei dem die begrünten Ufer gerodet und Stein- und Sanddämme aufgeschüttet wurden. Der Kanal führt durch topfebenes Land und über weite Strecken mitten durch die Lagunen und Seen. Allerdings gleichen die dort stehenden Flamingoschwärme rosafarbenen Pfingstrosensträußen. Auch die Fischerei auf den Étangs genannten Seen ist sehenswert – weniger die von teilweise stark motorisierten Booten aus, die mitunter in rasender Gleitfahrt den Kanal entlangpreschen. Es ist immer wieder ein erheiternder Anblick, wenn inmitten eines meilenweiten Sees Menschen im knietiefen Wasser umherwaten und Muscheln und Austern einsammeln.

Kurz hinter dem Zusammenfluss des Verbindungskanals zur Kleinen Rhône mit dem alten Kanal nach St. Gilles und Beaucaire führt die Brücke von Espeyran über das Wasser, so benannt nach dem nahen Schloss von Espeyran, das vor einem eindrucksvollen Pinienwald gelegen und wie die meisten Schlösser der Region nur von außen zu betrachten ist.

Diese Brücke ist ein günstiger Aussichtspunkt über die zu beiden Seiten des Kanals gelegenen Sümpfe. Mit einem guten Glas lassen sich von hier mehr und seltenere Vogelarten beobachten als die in dieser Gegend schon fast alltäglichen Graureiher. Wer ein paar hundert Meter weiter neben Tamariskenbüschen und übermannshohen blühenden Disteln festmacht, kommt in der Abenddämmerung in den Genuss eines Froschkonzerts, wie es in Mitteleuropa kaum noch zu hören ist. Hunderte, ja vielleicht Tausende von Fröschen veranstalten einen Höllenlärm, in den sich der Gesang verschiedener Vögel mischt.

Gegen 22 Uhr ist Ruhe, bis dann um Mitternacht die Nachtigallen zu schlagen anfangen. Solche Naturnähe lässt sich bestenfalls noch im Wohnmobil erleben.

Die Eindrücke auf dem Wasser sind intensiver, wie überhaupt ein Schiff immer eine geschlossene Gesellschaft bildet, auf dem eigene Regeln gelten. Auf jedem Boot fährt ein Stück jahrtausendealte Erfahrung auf See mit, im Deutschen mit dem Wort „Seemannschaft" bezeichnet. Darüber existieren dicke Wälzer, und niemand wird ihre Kenntnis von einem Mietbootfahrer verlangen, der mit der Parole aufs Wasser gelockt wurde, ein Schiff fahre sich ebenso leicht wie ein Auto.

Die wenigen verbliebenen Berufsschiffer wissen herzzerreißende Beispiele von Unfähigkeit und Dreistigkeit zu erzählen. Da versucht einer, mit Vollgas aufs Ufer den Kanal zu verbreitern und rammt mit Vollgas zurück ein Boot am gegenüberliegenden Ufer. Ein anderer kommt eine halbe Stunde nicht vom Kai weg, weil er nicht bedenkt, dass ein Boot eben nicht wie ein Auto mit dem Vorderteil gelenkt wird, sondern mithilfe des Ruders am Heck herumschwenkt. Ein Schiff hat keine Handbremse, und es muss mit mindestens zwei (ich betone: zwei) Leinen festgemacht werden, wenn es sicher liegen soll.

Anfänger staunen immer wieder, wie schwierig es ist, mit einem Boot einen geraden Strich zu fahren. Der Canal du Rhône à Sète ist eine hervorragende Übungsstrecke zu diesem Zweck, denn er hat kilometerlange schnurgerade Abschnitte. War schon zwischen Beaucaire und Bellegarde eine elf Kilometer lange Gerade zu bewältigen, so folgen nun über sechs Kilometer geradeaus. Dabei werden die beiden Brücken von Franquevaux

Schnurgerade Kanalstrecke östlich von Aigues-Mortes.

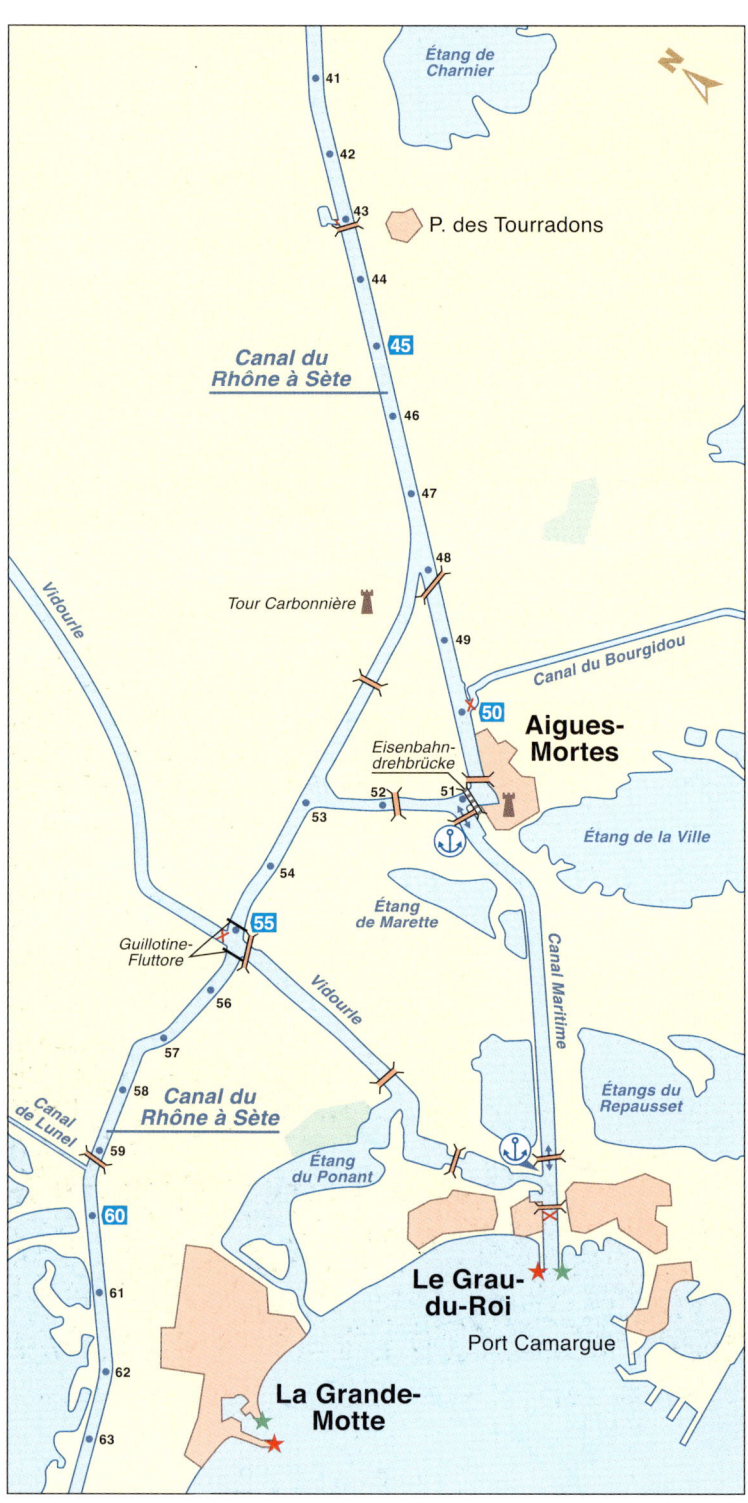

Étang de Charnier

41

42

43

P. des Tourradons

44

45 *Canal du Rhône à Sète*

46

47

48

Tour Carbonnière

49

Canal du Bourgidou

50

Aigues-Mortes

Eisenbahn-drehbrücke

52

51

53

54

Étang de la Ville

Étang de Marette

Guillotine-Fluttore **55**

56

Vidourle

57

58 *Canal du Rhône à Sète*

Canal de Lunel

59

Étang du Ponant

60

Canal Maritime

Étangs du Repausset

Le Grau-du-Roi

Port Camargue

61

62

La Grande-Motte

63

und Gallician unterfahren. Die beiden Dörfer liegen in Sichtweite des Kanals und bieten die notwendigsten Versorgungsmöglichkeiten. Bei Gallician haben die Gemeinden der Kleinen
Camargue das Ufer befestigt und dort einen Binnenhafen angelegt, an dem man Wasser fassen kann. Nicht nur unter der
Brücke von Gallician stehen gern Angler, weil sie hier vor
Sonne und Regen geschützt sind. Angler mögen Bootsfahrer
nicht, weil sie nicht ganz zu Unrecht fürchten, dass sie ihnen
ihre Fanggeräte abfahren. Freundlicherweise macht man also
einen Bogen um sie. Beim Anlegen allerdings haben die Boote
rein rechtlich Vorrang.
Wenig später kommt voraus der Turm der Constance von Aigues-Mortes in Sicht, allerdings in acht Kilometern Entfernung.
Die Kanalplaner im 19. Jahrhundert haben einmal mehr das Li-
neal angelegt.
Zwischen den Tamarisken und anderen Büschen auf dem östlichen Ufer sind Herden der berühmten weißen Camargue-
Pferde zu sehen. Die frei lebenden Tiere sind allerdings nicht
handzahm und lassen sich weder füttern noch streicheln. Etwa
zweieinhalb Kilometer vor Aigues-Mortes teilt sich die Wasserstraße. Nach rechts zweigt eine 1994 fertiggestellte Umgehung von Aigues-Mortes ab. Der Durchstich durch den Sand,

Noch in Betrieb: die Eisenbahndrehbrücke in Aigues-Mortes.

auf dem der bekannte Vin de Sable gedeiht, erspart der Frachtschifffahrt die winklige Durchfahrt zwischen den Brücken bei
Aigues-Mortes. Freizeitschiffer halten an der Gabelung selbstverständlich weiter Kurs recht voraus.

Aigues-Mortes

Wie Riesenschirme wirkende alte Pinien zeigen an, dass Aigues-Mortes nicht mehr weit ist. Man sieht rundum auch jüngere Bäume dieser malerischen Art. Grundsätzlich muss man
den Bewohnern dieser Gegend bescheinigen, dass sie im Umgang mit der Natur in den letzten Jahren sorgsamer geworden
sind. Vor der Einfahrt zu einem gesperrten Nebenkanal warten
ein paar alte Pénichen auf bessere Zeiten. Weiter Richtung
Aigues-Mortes sind die Ufer mit kleineren Booten Einheimischer belegt. An Anlegen ist nicht zu denken, weil die alten
Kanalstrecken seit Jahren nicht mehr gepflegt worden sind. Aus
ihren ausgewaschenen Ufern ragen Pfähle der früheren Uferbefestigung. Der hier verbreitete sandige Grund ist in den Kanal gespült worden. Man halte sich sinnvollerweise in der Mitte
des Gewässers. Dann wird's eng: Unter einer Straßenbrücke
hindurch geht es im rechten Winkel um die Ecke, wo eine

Der Turm der Constanze am Hafen von Aigues-Mortes.

Eisenbahndrehbrücke die Weiterfahrt versperrt, wenn sie geschlossen ist. Eine Signalanlage warnt die Schifffahrt vor dem Hindernis. Das geschieht allerdings nur wenige Male am Tag, weil der Zugverkehr zur Küste nach Grau-du-Roi bescheiden ist.

Umsicht ist in jedem Fall angezeigt, denn in dem Becken zwischen den beiden Brücken liegen die Ausflugsschiffe. Und sie liegen nicht nur, sondern legen unter Aufwerfen gewaltiger Wellen gelegentlich ab oder wenden.

Gleich nach der Eisenbahndrehbrücke biegt wiederum im rechten Winkel die Einfahrt in den Sportboothafen ab, an dessen Ende der Canal Maritime nach Grau-du-Roi beginnt.

Die Stadt Aigues-Mortes verdankt ihre Existenz der Vorliebe des französischen Königs Ludwig IX. für die Schätze des Orients. Weil er diesen Beutetourismus – dem damaligen Zeitgeist folgend – unter dem Deckmantel der Religion als Kreuzzüge tarnte, wurde er am Ende noch heilig gesprochen. Der liebe Gott sah das wohl anders: Auf seinem zweiten Kreuzzug 1270 ließ er den umtriebigen Ludwig von der Pest dahinraffen.

Der schönste Liegeplatz zwischen Toulouse und Arles

Sein Verdienst bleibt die Stadtgründung, die mit ihren rundum erhaltenen Mauern ein beliebtes Touristenziel bietet. So steht er denn überlebensgroß auf dem nach ihm benannten Hauptplatz des Städtchens, auf dem sich's urgemütlich sitzen lässt, namentlich dann, wenn die Scharen der Tagestouristen die Stadt verlassen haben. Es sind nur ein paar Schritte bis zum Hafen, der sich in eine malerische Kulisse verwandelt, wenn mit Einbruch der Dunkelheit die Stadtmauern angestrahlt werden. Ich meine, dass dies der eindrucksvollste Liegeplatz zwischen Toulouse und Arles ist. Ein hilfsbereiter Hafenmeister, der sogar beim Anlegen mit Rat und Tat zur Seite steht, stellt einen vor die Wahl zweier Arten von Liegeplatz: ohne Wasser und Strom für zehn Euro pro Nacht, und mit dem genannten Luxus für mehr als das Doppelte. Die billigeren Plätze unmittelbar vor der Hafenmeisterei sind die ruhigeren.

Aigues-Mortes liegt heutzutage rund sechs Kilometer vom

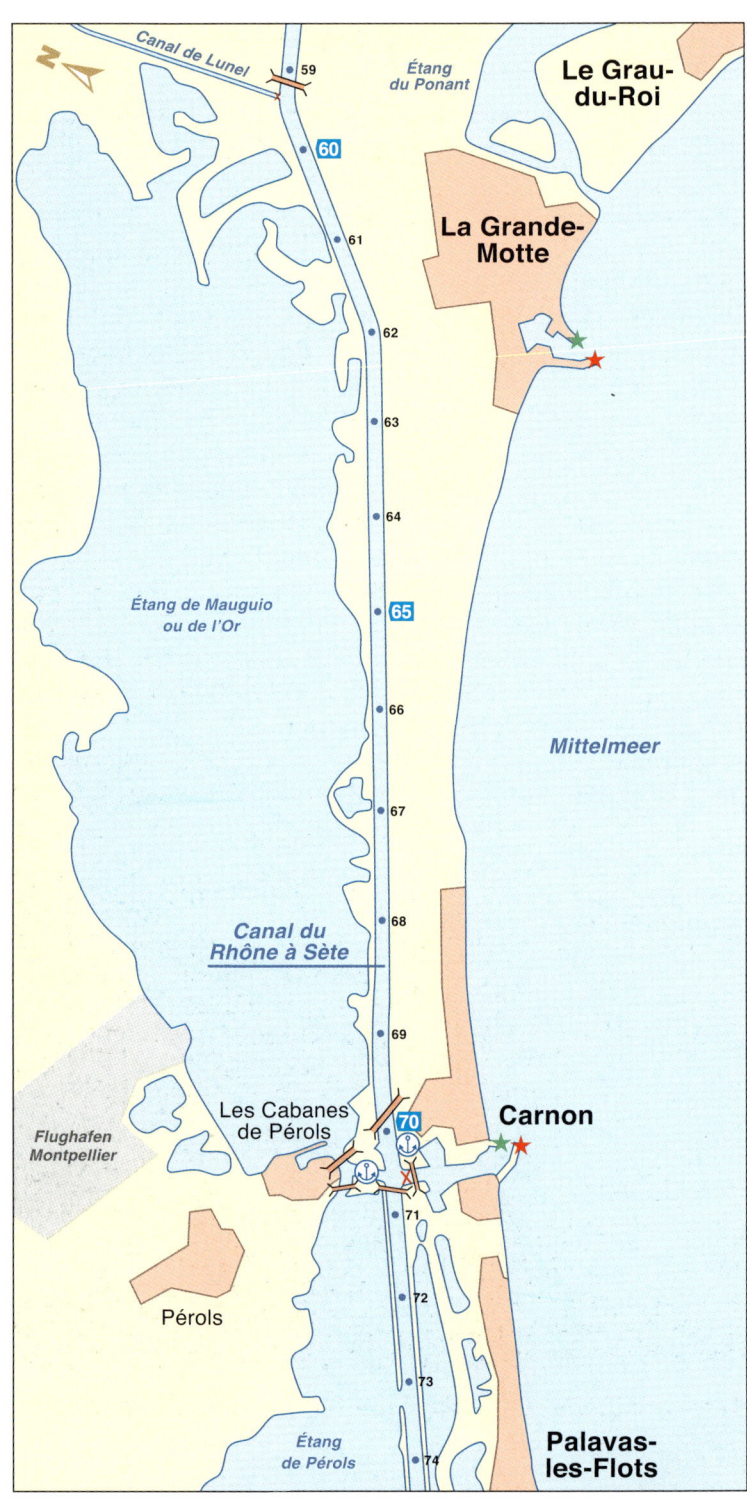

Meer entfernt. Es teilt dieses Schicksal der Versandung mit anderen ehemaligen Hafenstädten an der französischen Mittelmeerküste, zum Beispiel mit Narbonne oder Agde. Der Fischerhafen Grau-du-Roi und damit die unmittelbare Meeresnähe lässt sich auf eigenem Kiel erreichen, sofern der Tiefgang nicht größer als 1,10 m und die lichte Höhe nicht mehr als 2,40 m ist. So viel Platz ist nämlich unter der Hubbrücke am Eingang des Ortes, zu deren Öffnung man andernfalls den Brückenwärter der Drehbrücke herbeibitten muss, die 250 Meter weiter die beiden Ortsteile rechts und links vom Kanal verbindet. Die Telefonnummer erfrage man am besten in der Hafenmeisterei (französisch: Capitainerie) in Aigues-Mortes. Die Drehbrücke ist laufend in Betrieb, weil der Fischerhafen landeinwärts liegt. Er ist eng und hat keinen Platz für Freizeitschiffer.

Unmittelbar hinter der Hubbrücke liegen Schwimmstege eigens für Binnenschiffe. Die hat Grau-du-Roi nach langem Zögern doch noch als Gäste entdeckt, nachdem es sich lange Zeit auf die maritime Kundschaft in den weitläufigen Anlagen des Ortsteils Port du Camargue konzentriert hatte.

Ein Besuch des historischen Ortskerns ist durchaus zu empfehlen, weil die Fischerei nicht nur als Kulisse dient. Natürlich sind die Händler und Gastwirte voll auf Touristen eingestellt, aber

Mächtige Guillotine-Wehrtore an der Vidourle-Kreuzung.

an welchem schönen Fleckchen Erde ist das heutzutage anders? Zwischen Hubbrücke und Fischerhafen mündet das Flüsschen Vidourle in den Kanal. Es ist schiffbar flussaufwärts, bis es nach fünf Kilometern den Canal du Rhône à Sète kreuzt. Allerdings stehen einem da noch zwei Hindernisse mit Durchfahrtshöhen von 2,80 und 3,50 Meter im Wege – diese beiden Brücken lassen sich leider weder hochklappen noch heben. Wer in einem höheren Boot daherkommt, muss leider wieder über den Canal Maritime nach Aigues-Mortes zurücktuckern und von dort seinen Weg auf dem Canal du Rhône à Sète fortsetzen. Wer sich in Flussmitte hält, hat keine Gefahren unter Wasser zu erwarten. Die Tiefe bei normalem Wasserstand wird mit 1,10 m angegeben. Wer sich dem Ufer nähern möchte, bedenke die hier immer noch verbreitete Neigung, ein Gewässer mit einem Müllplatz zu verwechseln. „Volle Fahrt" mit einem Kunststoffrumpf auf ein versenktes Autowrack zu laufen, ist alles andere als ein erstrebenswertes Abenteuer.

Vidourle

An der Kreuzung mit dem Kanal stehen eindrucksvolle Tore, die auf den unfreundlichen Namen „Portes de Guillotine" hören. Wenn der Fluss Vidourle Hochwasser führt, werden sie wie das gleichnamige Hinrichtungsinstrument heruntergelassen, um den Kanal vor dem Überlaufen zu schützen. Die Brückendurchfahrtshöhe vermindert sich in solchen Fällen übrigens in gleichem Maße, in dem sich die Wassertiefe vergrößert. Die Kanalschifffahrt freilich muss ruhen, bis das Wasser wieder sinkt.

Wer das vier Kilometer lange Kanalstück zwischen Aigues-Mortes und der Vidourle-Kreuzung nicht gesehen hat, weil er den Umweg über Grau-du-Roi genommen hat, der hat nicht viel versäumt, höchstens einen Schwarm Bienenfresser. Diese tropisch-bunten Vögel, die im Zuge der Klimaerwärmung auch in Deutschland einzuwandern und zu brüten beginnen, stören sich offenbar nicht an der etwas trostlosen Umgebung mit teilweise eingefallenen Ufern.

Etwa in der Mitte zwischen Aigues-Mortes und der Vidourle-Kreuzung trifft die breit ausgebaggerte Umgehung aus Nordosten auf den ursprünglichen Kanalverlauf. Die Ufer dieser Umgehung sind wie an den großen Kanälen mit Steinen befestigt.

Nach wenigen Kilometern beginnt der Kanal seinen Weg über die Nehrung bis nach Sète. Der deutsche Begriff „Nehrung" ist nach dem Zweiten Weltkrieg aus der Mode gekommen, nachdem Pommern und Ostpreußen nicht mehr zu Deutschland gehören. Eine Nehrung bezeichnet einen schmalen Küstenstreifen, hinter dem sich meist ein Brackwasser erstreckt, mit einem oder mehreren schmalen Zugängen zum Meer.

Die Franzosen nennen diese Gewässer in der zweiten Reihe „Étangs", Seen, und in Südfrankreich spricht man das Wort ohne Nasal so aus, wie wenn ein Berliner sich im Französischen versucht. Mitten zwischen diesen Étangs führt der Kanal hindurch, ab und zu eine Ansammlung von Fischerhütten streifend, die teilweise nach Wochenendhäuschen aussehen und an wenigen Punkten fast bis ans Meer reichen. Die gigantische Architektur von La Grande-Motte ist nur von fern zu sehen.

Just auf dieser Höhe stehen am Kanalufer malerische Häuschen, frühere Fischerhütten, die Cabanes du Roc genannt werden. Von hier an wird's im wahrsten Sinne des Wortes sehr, sehr eng: Die nächsten neun Kilometer bis Carnon ist der Kanal nicht auf die Bedürfnisse der Großschifffahrt ausgebaut. Wehe dem, der hier einem vollbeladenen Lastkahn begegnet! Die

Mühsames Festmachen am ausgewaschenen Ufer.

Palavas-les-Flots

Canal du Rhône à Sète

Étang de Pérols

75

Lez

73

74

76

Étang du Prévost

77

Étang de l'Arnel

78

Schwimmende Drehbrücke

79

Maguelone

Kathedrale von Maguelone (Ruine)

80

Villeneuve-
les-Maguelone

81

Étang de Pierre Blanche

82

Mittelmeer

Étang des Moures

83

84

Canal du Rhône à Sète

Mireval

85

Étang de Vic

86

les Aresquiers

87

Vic-la-Gardiole

88

Frachter fahren zwar im Schritttempo, aber der Sog ist so kräftig, dass sich ihm ein Sportboot kaum entziehen kann. Ohne leichte Berührungen geht die Begegnung kaum ab, die Flucht ans steinige Ufer ist auch keine Lösung, da sie Schraube und Ruder gefährdet. Tipp eines Einheimischen: Wenn ein tiefliegender Lastkahn in Sicht kommt – die Strecke ist zum Glück schnurgerade –, sofort kehrtmachen und in Cabanes du Roc beziehungsweise Carnon abwarten, bis das Dickschiff durch ist. Wenn es den Behörden ernst mit der Sicherheit wäre, müssten sie bis zum Ausbau dieses Teilstücks eigentlich einen ampelgesteuerten Einbahnverkehr einrichten.

Carnon-Plage

Die Sommersilos von Carnon mit dem Beinamen Plage (französisch „Strand") haben sich bis hin zum Kanal ausgedehnt. Hinter der ersten Straßenbrücke liegt meerseitig eine kleinere Charterbasis, unmittelbar vor der zweiten, älteren Brücke geht es landseitig scharf um die Ecke in den eigens angelegten Kanalhafen. Über eine aufgeschüttete Steinböschung hat man Einzelstege gebaut und dazu jeweils zwei Pfähle in den Grund gerammt.

Frachtschiff am Beginn der Engstelle in Höhe von Carnon.

Dieser Hafen ist in Wirklichkeit der Verbindungskanal vom Étang de l'Or zum Mittelmeer, in dem je nach Windrichtung und Tageszeit eine mehr oder weniger starke Strömung herrscht. Das Mittelmeer hat ja entgegen anders lautender Vermutungen sehr wohl Gezeiten, wenn auch nur sehr bescheidene und an diesem Küstenstreifen mit vielleicht zwanzig bis dreißig Zentimeter Änderung des Wasserspiegels. Vor dem Anlegen in dem engen, weniger als zwanzig Meter breiten Gewässer sind Strömung und Windrichtung sorgfältig zu beobachten. Generell ist bei der Ein- und Ausfahrt und auch beim Passieren auf dem Kanal auf die starke Querströmung zu achten, die schon manchen unerfahrenen Freizeitskipper an die niedrige Brücke gedrückt hat, unter der das Wasser Richtung Meer strömt. Wenn dann noch entsprechend starker Wind dazukommt, ist das Freikommen ohne fremde Hilfe schwierig.

Eldorado der Angler

Am Ufer versuchen zeitweise dichte Trauben von Anglern, ihren häuslichen Speisezettel mit einem Schuppentier aufzubessern. Es muss unter denen, die da fischen, auch eine Nachtschicht geben, denn erst im Morgengrauen verschwinden die letzten von ihnen. Dabei bieten sie nächtens das hübsche Schauspiel von selbstleuchtenden roten und grünen Schwim-

Watend eher unscheinbar, fliegend prächtig: Flamingos.

mern. Andere fahnden mit Taschenlampen zwischen den Steinen nach Schaltieren. Mancher mag dieses Getümmel als lästig empfinden, andere fühlen sich zwischen so viel Einheimischen sicher und schlafen tief und traumlos.

Ehe die Dunkelheit hereinbricht, gilt es erst noch, ein Schauspiel in der Luft zu besichtigen. Hier ist nicht der Anflug der Verkehrs- und Sportflugzeuge auf den nahen Flugplatz von Montpellier gemeint – weit genug weg, als dass er störte. Vielmehr ziehen im Lichte der untergehenden Sonne, sofern sie tagsüber geschienen hat, Hunderte von Flamingos in ihren typischen Formationen über diesen Liegeplatz. Für den Laien fliegen sie scheinbar planlos zwischen den einzelnen Étangs hin und her.

In Carnon-Plage verläuft der Kanal nahe am Meer entlang, an dem sich durch das Aufschütten einer Steinmole auch ein recht breiter Sandstrand gebildet hat. Der Weg vom Kanalhafen dorthin ist allerdings beschwerlicher als gedacht: zuerst über die viel befahrene Kanalbrücke, dann über eine Seufzerbrücke in Beton, deren Urheber irgendwann ein Foto von Venedig gesehen haben muss, danach um den ausgedehnten Segelhafen herum. Die Betonquader, in denen sich die kleinen Ferienwohnungen befinden, sind von architektonischer Belanglosigkeit. Am Strand steht eine Zeile einfacher Häuschen aus den 1950er- und 1960er-Jahren – nicht schön, aber wenigstens nicht erdrückend.

Knapp fünf Kilometer westlich von Carnon liegt der Küstenort Palavas-les-Flots. Der Canal du Rhône à Sète berührt ihn nicht unmittelbar, da der Étang du Grec und der Étang de Prevost dazwischen liegen. Bei Palavas-les-Flots mündet das Flüsschen Lez ins Mittelmeer. Es kreuzt den Kanal mit nicht weniger starker Strömung, als sie in Carnon zu queren ist – mit dem Vorteil, dass die Brücke Richtung Meer hoch genug ist, um sie gefahrlos zu durchfahren. In dieser Richtung liegt auch der Binnenhafen, der den anspruchsvollen Namen Pierre-Paul Riquets führt. Der Erbauer des Canal du Midi hat mit dieser Wasserstraße jedoch so gut wie nichts zu tun. Aber was tut man nicht alles aus Gründen der Werbung, um zahlende Gäste anzulocken: In Palavas-les-Flots verlangt man einen extrem hohen Preis für eine Nacht, der sich auch dadurch nicht rechtfertigt, dass Wasser und Strom geboten werden. Der Hafenmeister verwaltet zusätzlich die Liegeplätze für Landyachten: Unmittelbar am Ufer sind dichte Stellplätze für Wohnmobile angelegt.

Einstige Hochwassersperrtore an der Wasserstraßenkreuzung sind übrigens abgebaut, warnende Ampeln stillgelegt. Man muss sich also auf die eigenen Augen verlassen. In jedem Falle lohnt ein Abstecher den idyllischen Fluss Lez hinauf, der seit dem 17. Jahrhundert bis Montpellier schiffbar war. Die Wiederherstellung dieses Zustands ist geplant, mehr darüber im eigenen Kapitel über den Lez.

Der nächste markante Punkt auf dem ansonsten eher eintönigen Weg des Kanals zwischen den Étangs ist die Ruine der Kathedrale von Maguelonne. Der Bau liegt wie auf einer Insel zwischen Wasser und Sand, und tatsächlich war er bis zum 11. Jahrhundert nur mit dem Boot zu erreichen. Der Kanal wird an dieser Stelle von einer schwimmenden Fußgängerbrücke gekreuzt, die, sofern sie geschlossen ist, auf Schallsignal geöffnet wird.

Wer die ehrwürdige Ruine besichtigen möchte oder ein Bad im unweit davon gelegenen Meer nehmen will, kann in Richtung Westen in Sichtweite der Brücke am befestigten Südufer mit Pollern anlegen.

Teuer ist das Anlegen im Binnenhafen Palavas-les-Flots.

Bei stürmischen ablandigen Mistralwinden Richtung See kann das Ablegen von hier mit hohen Aufbauten und gedrosseltem Motor schwierig werden.

Vorsicht, was drei hölzerne Anleger östlich der mobilen Brücke betrifft: Die dortige Verbreiterung des Kanals ist von ständiger Versandung bedroht, und die Baggerarbeiten werden erst in Gang gesetzt, wenn die Anleger selbst mit Tiefgang unter einem Meter nicht mehr erreicht werden können.

Die etwa sechs Kilometer entfernte Brücke von Les Aresquiers ist schon nicht mehr weit, wenn auf dem Südufer eine weitere, allerdings sehr viel kleinere Anlegestelle den kürzesten Zugang zum Meer ermöglicht. Dort gibt es auch einen Strand für Liebhaber der Freikörperkultur. Ansonsten wird bekanntlich Sonnen und Baden oben ohne an den französischen Küsten toleriert.

Leider kann man in unmittelbarer Nähe der Brücke von Les Aresquiers nicht anlegen, da Privatboote und Pfähle im Wasser vor der schmucken Häuserzeile die Ufer blockieren. Das ist schade, denn auch von hier ist der Weg zum Meer mit Kies- und Sandstrand nicht weit.

Einst Fischerhütten, heute Wochenendhäuser am Kanal.

Frontignan

Der Kanal führt nun auf Frontignan zu, das nach weiteren fünf
Kilometern erreicht wird. Die Silhouette dieser Stadt wurde
jahrelang von einer riesigen Raffinerie bestimmt, die jetzt stillgelegt und demontiert ist. Nur die riesigen Tanks stehen noch.
Die Stadt nötigt die meisten Schiffe zu einem Zwangsaufent-
halt, denn der Kanal wird von einer niedrigen Straßenbrücke
gekreuzt. Sie wird werktags dreimal um 7.30 Uhr, 13.30 Uhr und
16 Uhr, sonn- und feiertags sogar nur zweimal um 9 und 17 Uhr
und nur solange geöffnet, bis die wartenden Wasserfahrzeuge
passiert haben. Sicherheitshalber begebe man sich gleich nach
der Ankunft an Land: Die aktuellen Öffnungszeiten sind am
Brückenwärterhäuschen angeschlagen.
Achtung! Es empfiehlt sich, schon ein paar Minuten vor der angegebenen Zeit den Motor anzuwerfen und die Leinen klarzu-
halten. Denn der Brückenwärter ist offensichtlich Bediensteter
der Verwaltung, der das Bauwerk schnell wieder herunterlässt
und bis zur nächsten Öffnung verschwindet, ohne nach Nach-
züglern Ausschau zu halten.
Der Berufsschifffahrt kann das alles egal sein, denn die benutzt
einen breit ausgebauten Kanal, der vor Frontignan abzweigt

Die Hubbrücke in Frontignan öffnet selten und kurz.

und in Richtung Sète zum Mittelmeerhafen führt. Auch wenn er inzwischen weitestgehend gegen die See und damit gegen die Brandung abgedämmt ist, dürfen ihn nicht seetüchtige Boote nicht befahren.

Auch in Frontignan hat man die Zeichen der Zeit erkannt und den ehemaligen Kai für Lastkähne hübsch für die Freizeitschifffahrt hergerichtet, leider ohne Wasseranschluss. Außerdem blockieren zahlreiche Dauerlieger die Anlegeplätze, obwohl ein Schild auf eine Frist von höchstens 24 Stunden hinweist. Darum kümmert sich aber kein Mensch, sodass man mit Mühe und Not weiter westlich an den dortigen Leitplanken der parallel laufenden Straße festmachen und akrobatisch ans Ufer turnen muss.

Früher galt Frontignan als Arme-Leute-Badeplatz – vielleicht wegen des rufschädigenden Raffinerie-Panoramas. Das hat sich geändert, und der Ortsteil Frontignan-Plage unmittelbar am Meer kann wohl mit anderen Plätzen seiner Art mithalten. Aber die Preise im Ortskern sind immer noch günstig.

Wer ein paar Schritte um die ansehnliche Altstadt mit Läden aller Art herumgeht, findet im Restaurant „La Marine" zwar keine Spitzenküche, aber ordentliches Essen der Region für eine mäßige Rechnung.

An dieser Stelle sollen die Restaurantempfehlungen und -erfahrungen dieses und aller anderen Bücher zurechtgerückt werden: Es können immer nur Momentaufnahmen sein, es sei denn, der Herausgeber verfügte über ein Netz von Inspektoren wie der Michelin-Führer oder der ebenfalls jährlich erscheinende Führer preiswerter kleinerer Hotels und Restaurants „Logis de France", mit denen regionalen Familienbetrieben ein Gegengewicht gegen die langweiligen Kettenhotels verschafft werden soll.

Was den genannten Gasthof in Frontignan betrifft, so sind baldige Änderungen unwahrscheinlich! Er ist in Familienbesitz, und es spricht wenig dafür, dass sich die Innenstadt plötzlich in ein mondänes Seebad mit einem entsprechenden Preisrutsch nach oben verwandelt.

Aber sonst ist alles möglich: Der Wirt verliert die Lust, verkauft seinen Laden oder wird plötzlich größenwahnsinnig, was die Preise betrifft. Selbst ein Wechsel in der Küche kann Folgen in

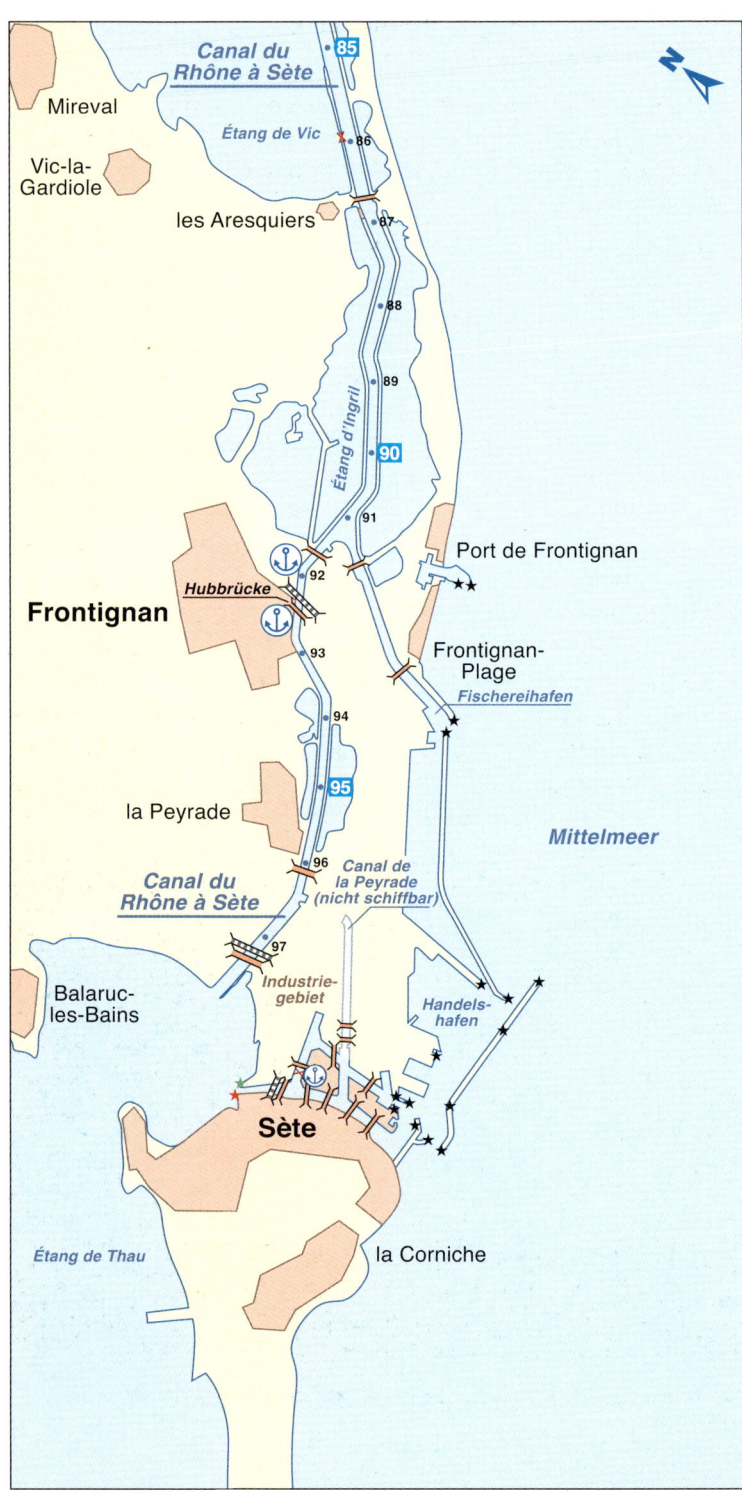

Canal du Rhône à Sète

Étang de Vic

85

86

les Aresquiers

87

88

89

Étang d'Ingril

90

91

Frontignan

Hubbrücke

92

93

Port de Frontignan

Frontignan-Plage

Fischereihafen

94

95

la Peyrade

96

Canal de la Peyrade
(nicht schiffbar)

Mittelmeer

Canal du Rhône à Sète

97

Industrie-gebiet

Handels-hafen

Balaruc-les-Bains

Sète

Étang de Thau

la Corniche

Mireval

Vic-la-Gardiole

Menge und Güte der Speisen nach oben oder unten nach sich ziehen. Also: Ratschlägen anderer ist – ob mündlich oder schriftlich – nur bedingt zu trauen, zumal die Geschmäcker verschieden sind.

Der Weg von Frontignan zur Einfahrt in den Étang de Thau bei Sète ist gesäumt von den schon erwähnten Öltanks meerseitig, gegenüber hat man einen kleineren See in ein Naherholungsgebiet verwandelt. Überhaupt kann man sagen, dass unsere französischen Nachbarn in den vergangenen Jahren in Sachen Natur- und Umweltschutz viel dazugelernt haben. Das Bewusstsein hat sich verbreitet, dass es nicht genügt, lediglich einen See in der Camargue (den Étang du Vaccarés) unter Naturschutz zu stellen und viele andere mit Müll zuzuschütten, mit Öl zu verseuchen oder wahllos Straßen, Industriebetriebe oder Campingplätze in sie hineinzubauen. Man hat inzwischen erkannt, dass die natürlichen Schönheiten einen unermesslichen Reichtum darstellen, der durch kurzlebige Entwicklungen – heißen sie nun Öl oder Tourismus – für immer zerstört wird. Zudem beißt sich oft genug die sprichwörtliche Katze in den Schwanz: In unwirtlichen Gegenden mag niemand Urlaub machen, weshalb die Erhaltung von Natur und von gewachsenen Kulturlandschaften inzwischen in den Vordergrund gerückt ist.

Möwen im Wind sind treue Begleiter auf dem Wasser.

Sète

Kurz vor der Einfahrt in den Étang de Thau kommt das Industriegebiet von Sète bis an den Kanal heran. Unmittelbar am Ende – ein wichtiger Ansteuerungspunkt für Schiffe, die vom Étang her nach der Einfahrt suchen – befindet sich eine rote Bake. Die Bucht ist seeseitig untief. Davor ist eine Fahrrinne betonnt, auf der sogar Seeschiffe ein Stück über den Étang de Thau zu einem Industriekai fahren können, nachdem sie mitten durch die Stadt bugsiert worden sind und dabei fünf Hub- beziehungsweise Drehbrücken passiert haben.

Freizeitskipper werden grundsätzlich davor gewarnt, Sète anzulaufen. Immerhin ist dies einer der größten französischen Handels- und Fischereihäfen, in dem von der kleinen Barkasse bis zum Ozeanriesen alles herumschippert. Da kann jemand, der bisher nur auf den vergleichsweise stillen Kanälen und Flüssen des Binnenlandes gefahren ist, schnell nervös werden. Wenn überhaupt ein Anlegeplatz hinter den beiden ersten Brücken zu finden ist – ruhig und billig wird er mit Sicherheit nicht sein! Wäre nicht schon der Canal du Midi Beweis genug für die Genialität des Pierre-Paul Riquet – die Stadt Sète ist es jedenfalls. Riquet bestand nämlich darauf, den Kanal jenseits des Étang de Thau enden zu lassen und rund 17 Kilometer über den See einen neuen Überseehafen anzulegen. Der Port am Fuße des Mont St. Clair trotzte der Versandung, mit der die meisten französischen Mittelmeerhäfen zu kämpfen hatten.

Das dreihundertjährige Sète hingegen hat das Meer bis heute buchstäblich vor seinen Haustüren. Wo gibt es das noch, dass zum Beispiel die riesige Autofähre nach Marokko mitten in der Stadt festmacht? Sète ist mit 40 000 Einwohnern keine Großstadt. Das macht sie krisensicherer als andere Hafenstädte. Derzeit wird versucht, den Tourismus etwas auszubauen. Die Nehrung zwischen dem Étang de Thau und dem Mittelmeer ist noch weitgehend unerschlossen. Das wird sie wohl auch bleiben, denn auf der schmalen Landzunge ist neben Eisenbahn und Nationalstraße nicht viel Platz und vor allem keine Ruhe.

Touristen kommen hauptsächlich tagsüber von den umliegenden Stränden nach Sète. Von Frontignan, wo man sein Schiff ruhig einen Tag liegen lassen kann, ist es eine Bahnstation weit in die Stadt, die wie ein einziger Hafen wirkt. Dort, wo die Fischer anlegen – natürlich auch mitten in der Stadt –, reihen sich die Restaurants. Wer auf den Anblick dümpelnder Kutter und netzflickender Fischer keinen Wert legt, kann ein paar Straßenzüge weiter womöglich noch besser bedient sein. Die Entscheidung der Vernunft, den zu Schiff aufgehobenen Besuch per Auto nachzuholen, wird belohnt: Leichter als gedacht, ist ein Parkplatz zu finden – von der Hochsaison im Juli und August ist hier grundsätzlich nicht die Rede.

Das Kanalende wird von einer roten Bake markiert.

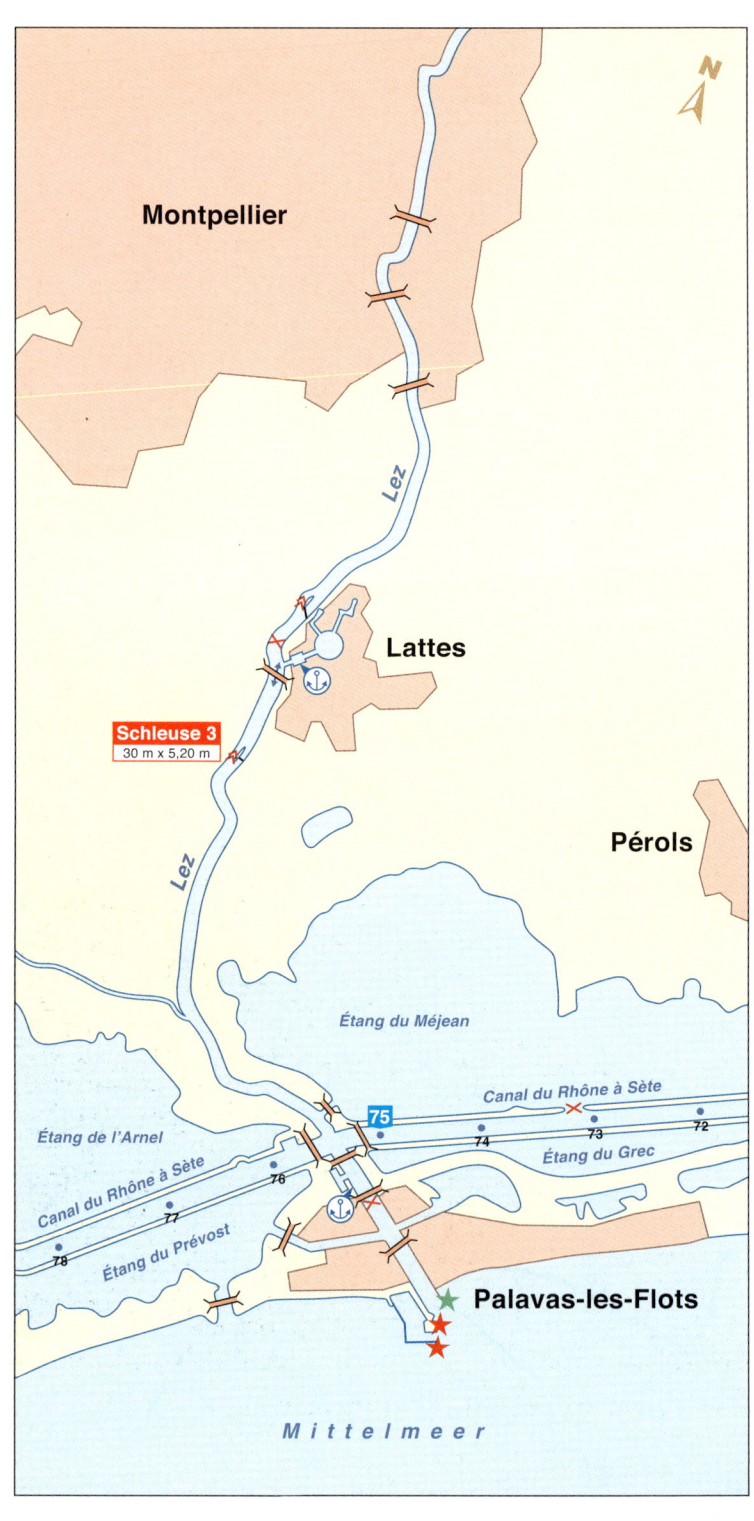

Montpellier

Lez

Lattes

Schleuse 3
30 m x 5,20 m

Lez

Pérols

Étang du Méjean

Canal du Rhône à Sète

75

74   73   72

Étang du Grec

Étang de l'Arnel

Canal du Rhône à Sète

76

77

78

Étang du Prévost

Palavas-les-Flots

Mittelmeer

Lez

Der Lez ist ein knapp dreißig Kilometer langer Fluss, der von den Bergen nördlich von Montpellier nach Süden fließt und bei Palavas-les-Flots ins Mittelmeer mündet. Seit dem 17. Jahrhundert war er mithilfe dreier Schleusen schiffbar; um das Jahr 1940 wurde die Schifffahrt eingestellt. Aufgrund des lebhaften Bootsverkehrs auf den südfranzösischen Wasserstraßen fasste man Ende der 1980-Jahre den Plan, den Lez wieder schiffbar zu machen, der in Palavas-les-Flots den Canal du Rhône à Sète kreuzt. Das Flüsschen schlängelt sich freundlich zwischen bewachsenen Ufern dahin, an denen sogar Störche brüten, deren Nester vom Wasser aus zu sehen sind. Warum sie ebenso wenig wie die Flamingos nicht als Jagdbeute dienen, verriet uns ein Einhcimischer schmunzelnd: Das Fleisch beider Vogelarten ist ungenießbar. Als erstes Bauwerk wurde die Troisième Écluse („dritte Schleuse") etwa fünf Kilometer landeinwärts wiederhergestellt. Sie weist die historische Trogform auf, wie man sie am Canal du Midi findet, und liegt unmittelbar neben dem Stauwehr. Wer sie passieren will, ruft vom Steuerhäuschen aus die

Der Lez wird von grünen Ufern gesäumt.

Hafenmeisterei in Lattes an. Dort kann ein Bediensteter mithilfe dreier Bildschirme Ober- und Unterwasser sowie das Innere der Schleusenkammer überblicken und per Knopfdruck Schieber und Tore in Bewegung setzen. Vor dem unteren Tor wurde ein Schwimmsteg ausgelegt, um das Festmachen zu erleichtern. Ein rotes Licht bedeutet, dass die Schleuse zwar geschlossen ist, aber auf Anruf geöffnet werden kann.

Nach einem Kilometer öffnet sich am östlichen Ufer ein mächtiges Fluttor, das bei Hochwasser auf dem Lez verschlossen wird. Dahinter stehen schon von weither sichtbare Wohnblöcke gehobener Art, deren Architekten die Größe durch die Verwendung venezianischer Motive erträglich zu machen versuchten. Die gedankliche Verbindung dieser Anlage mit dem anspruchsvollen Namen „Port Ariane" zu Venedig wird dadurch unterstützt, dass sich die Häuser rund um ein Hafenbecken gruppieren. Hier kann man sich in Sichtweite des eigenen Balkons ein

Die sogenannte 3. Schleuse wird auf Anruf ferngesteuert.

Boot hinlegen und nach Zeit, Lust und Laune über den Lez zur Küste schippern. Es hat sich auch eine Charterfirma niedergelassen, deren Schiffe die Woche über unterwegs sind, sodass es nicht an freien Liegeplätzen mangelt. Zusätzlich gibt es zwölf Gästeplätze. Zwei Restaurants und ein kleiner Supermarkt sorgen dafür, dass hier niemand verhungern muss.

Die Strecke weiter nach Norden in Richtung Montpellier ist in Planung, unter anderem mit der Instandsetzung der zweiten Schleuse. Durch sie kann irgendwann ein ähnlich ehrgeiziges Projekt unmittelbar am südlichen Stadtrand von Montpellier erreicht werden. Auch hier sollen unter dem ähnlich klingenden Namen „Port Marianne" architektonisch beeindruckende Häuser rund um einen Freizeithafen errichtet werden. Die Bauplaner haben offensichtlich die wertsteigernde Wirkung eines Liegeplatzes vor der Haustür erkannt. Der Bootstourismus verdankt diesen Bauvorhaben die Wiedereröffnung des Lez: ein willkommener Abzweig vom landschaftlich nicht allzu abwechslungsreichen Canal du Rhône à Sète.

Ein Hauch von Venedig: der Port Ariane in Lattes.

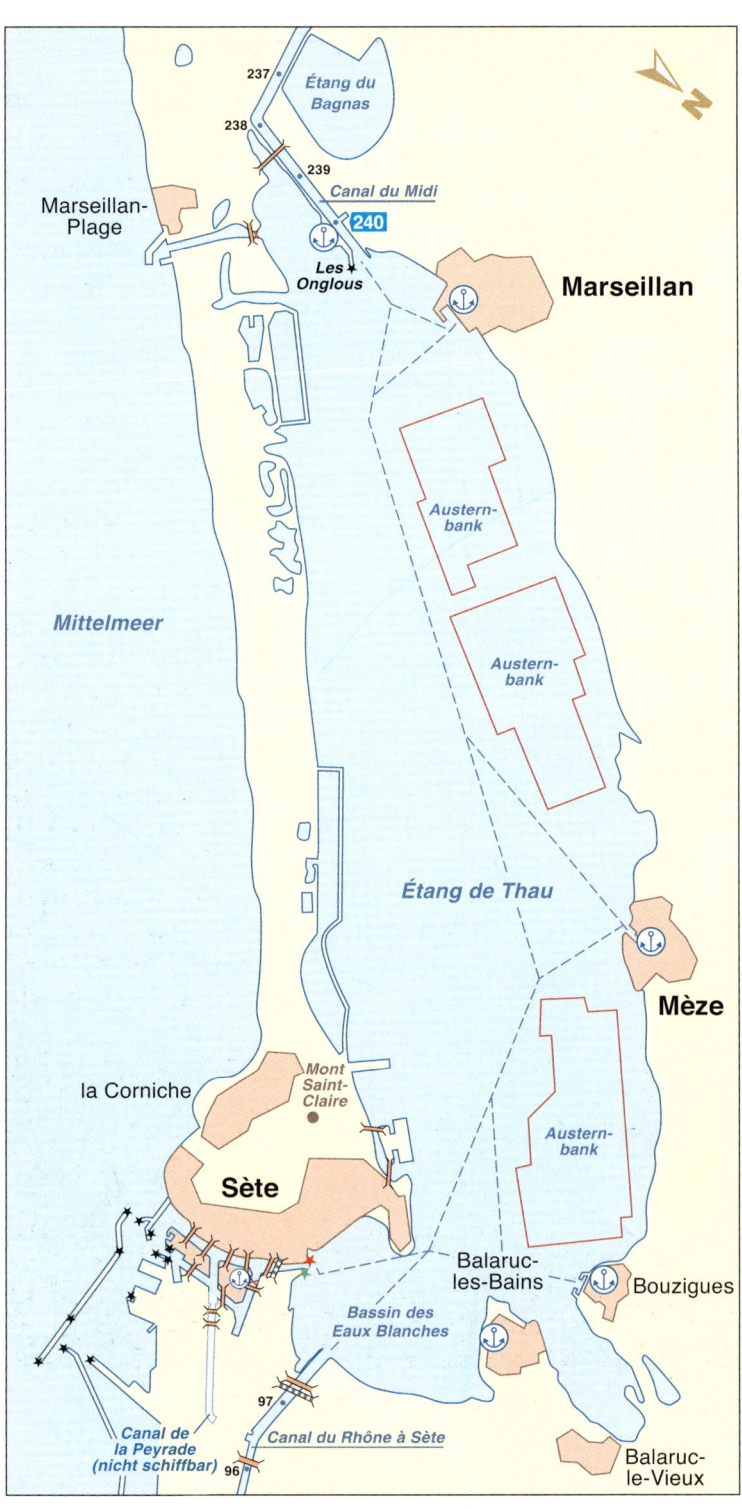

237

Étang du Bagnas

238

239

Marseillan-Plage

Canal du Midi

240

Les Onglous

Marseillan

Austern-bank

Austern-bank

Mittelmeer

Étang de Thau

Mèze

la Corniche

Mont Saint-Claire

Austern-bank

Sète

Balaruc-les-Bains

Bouzigues

Bassin des Eaux Blanches

97

Canal de la Peyrade (nicht schiffbar)

96

Canal du Rhône à Sète

Balaruc-le-Vieux

Étang de Thau

Der Étang de Thau ist ein etwa 17 Kilometer langer und vier Kilometer breiter See, der in Sète und Marseillan mit dem Mittelmeer verbunden und darum salzig ist. Er ist berühmt für seine Austern- und Muschelbänke, die am Nordostufer fast die Hälfte der Wasserfläche einnehmen.

Um vom Canal du Rhône à Sète zum Canal du Midi zu gelangen, muss dieser See überquert werden. Er ist über weite Strecken und namentlich am Südwestufer Richtung Meer untief. Hier kann man auch die überspülten Reste des alten Kanalbetts sehen. Denn die Binnenschiffe hatten ja jahrhundertelang keine Motoren und wegen der vielen Brücken keine Masten mit Segeln, mussten also auch hier längs des Étang de Thau gezogen werden. Die Behörden warnen vor seiner Passage bei mehr als Windstärke 4, die daran erkennbar ist, dass die Wellen auf dem freien Wasser kräftige Schaumkämme zeigen. Die kurzen Wellen sind eher unangenehm als gefährlich. Wirkliche Gefahr liegt darin, dass Boote mit hohen Aufbauten und schwachen Motoren bei starkem Wind ihren Kurs nicht halten und abtreiben können. Wenn der Mistral mit Sturmböen von den Bergen weht, ist an Auslaufen nicht zu denken. Die Erfahrung zeigt, dass der Wind morgens und abends schwächer ist.

Von der Ausfahrt aus dem Canal du Rhône à Sète steht in westlicher Richtung der rot-schwarz gestreifte Leuchtturm von Roquérols auf einer aufgeschütteten steinernen kleinen Insel. Landseitig nach Sète hin warnt eine schwarz-gelbe Bake vor

Die schwarz-gelbe Steinbake vor Sète.

den Untiefen des Ufers. Vom Leuchtturm von Roquérols führt ein Kompasskurs von 227 Grad zur Einfahrt in den Canal du Midi, die vom Leuchtturm von Les Onglous bezeichnet wird, in der Gegenrichtung 47 Grad. Bei einer Geschwindigkeit von 10 km/h bedeutet das etwa anderthalb Stunden Überfahrt.

Wenn die Sicht gut ist, sind zwar die beiden Leuchttürme nicht über die ganze Strecke zu erkennen, wohl aber der Mont St. Loup bei Agde und in Gegenrichtung der Mont St. Clair bei Sète. Richtung Canal du Midi behalte man den landseitigen Fuß des Berges als Ansteuerungspunkt im Auge, in Gegenrichtung gibt der Fuß des Sèter Hausbergs zum Étang de Thau hin die ungefähre Richtung an.

Wer keinen Kompass an Bord hat, fährt sicherer, wenn er die für Binnenschiffer vorgeschlagene Route entlang der Austern-bänke nimmt. Sie ist zwar etwas länger, dafür entgeht man auf ihr eher der Gefahr, in die Untiefen am Südwestufer getrieben zu werden. Auf diesem Weg behält man vom Leuchtturm von Roquérols den Westkurs bis in die Nähe der Austernbänke bei. Diese in großflächigen Rechtecken aufgestellten Stangen sind unübersehbar. Touristen, die zwischen den Kolonien herum-

Für Charterboote ungeeignet: die Kanäle in Sète.

tuckern oder gar daran festmachen, können von den Fischern ungefähr mit soviel Verständnis rechnen, wie jemand, der zwischen Weinreben ein Grillfeuer entzündet.

Weitere Landmarken sind die Kirchtürme von Mèze und Marseillan. Zu den dortigen Häfen leiten einen breite, trichterförmige Einfahrten. Der Weg vorbei am freien Wasser der Einfahrt nach Mèze Richtung Les Onglous führt in südwestlicher Richtung wiederum an ausgedehnten Austernbänken vorbei.

An der Einfahrt zum Canal du Midi hat sich eine Segelschule niedergelassen. Die zahlreichen Masten der Segelboote können neben dem Leuchtturm als weiteres Merkmal dienen, die richtige Einfahrt getroffen zu haben.

Besuche der Häfen von Mèze und Marseillan sind möglich, aber bei Übernachtung mit stattlichen Hafengebühren verbunden. Die Anlegeplätze für Gästeboote sind jeweils am rechten Kai. Es gibt Wasser und bei Bedarf auch Treibstoff. In beiden Orten sind zusätzlich Marinas angelegt worden. Die in Marseillan grenzt unmittelbar an den alten Hafen. Auf der Landzunge dazwischen steht eine schmucke Hafenmeisterei, französisch „Capitainerie", die auch die Liegeplätze der Marina

Die Segler sind im Hafen von Mèze in der Mehrzahl.

verwaltet. In Mèze hat man die Austernfischer in ein eigenes Becken in östlicher Richtung ausgelagert. Den alten Hafen beherrschen die Segler, Gästeboote können gleich nach der Einfahrt unmittelbar hinter der Mole an der Hafenmeisterei festmachen, wo man allerdings dem Wind und manchmal auch den Wellen ausgesetzt ist.

Während Mèze offen um Touristen buhlt, ist Marseillan erfreulich ursprünglich geblieben. Zwar gibt es am Hafen mehrere Restaurants, aber der Aufwand lohnt, ein paar Schritte ins Zentrum zu gehen. Und wer die Bordküche kalt lassen will: „Table d'Emilie" versteckt sich in einer Ecke des Marktplatzes und hat Ambitionen auf gehobenen Geschmack zu erschwinglichen Preisen. Sehr schön sitzt man auch im blühenden Innenhof des „Jardin de Naris".

Für Unerschrockene, die keinen allzu großen Dampfer spazieren fahren: Von Sète quer über den Étang liegt das kleinste Fischerdorf am See, Bouzigues. Hier geht alles eine Spur unaufgeregter zu. Den kleinen Hafen hat man um einen Holzsteg hinter aufgeschütteten Steinen etwas erweitert und freundlicherweise Wasseranschlüsse fast bis an die Hafeneinfahrt ge-

Der Hafen in Marseillan ist immer gut belegt.

Marseillan ist so schön wie die Silhouette verspricht.

legt. Die Fischerboote sind auch hier in ein Becken in Richtung Osten ausquartiert worden.

Übrigens: Wer in den Kanälen und Flüssen tapfer der Versuchung widerstanden hat, seinen Leib in trübe Wasser zu tauchen – das Wasser im Étang de Thau ist klar. Noch metertief ist der Grund zu sehen, und wegen des flachen Wassers ist die Temperatur auch schnell badefähig, sobald die Sonne wärmt. Auch die Charterboote sind mit Ankern ausgerüstet, sodass sich Schwimmer mitten im See in die Fluten stürzen können. So mancher Skipper hat allerdings schon seinen Anker samt Kette und Leine auf Nimmerwiedersehen im Wasser verschwinden sehen, weil das Ende nicht gesichert war. Eine kleine Kontrolle, ob der Anker auch wirklich am Schiff hängt, stellt sicher, dass das Schiff auch am Anker hängt.

Der Canal du Midi beginnt beim Leuchtturm von Les Onglous.

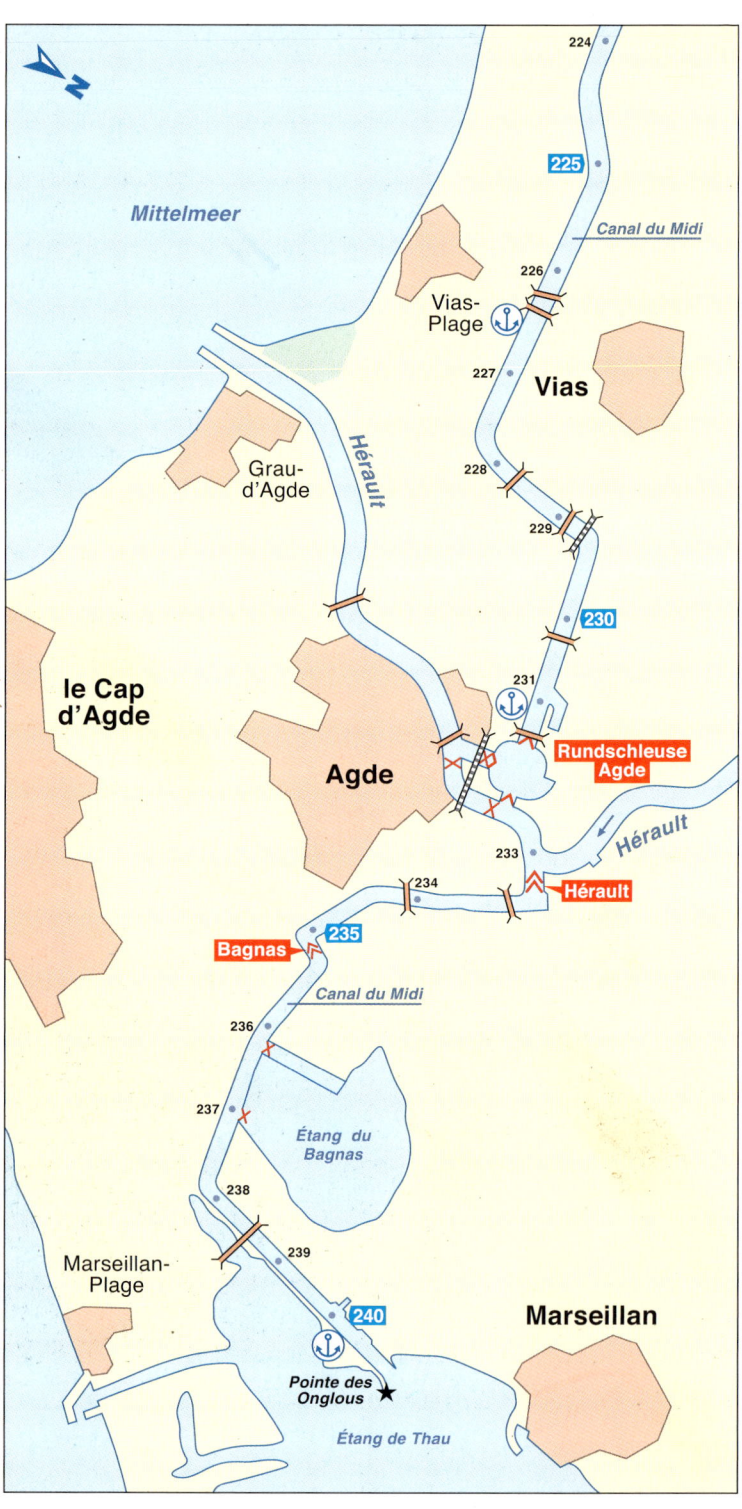

Canal du Midi

Der Canal du Midi beginnt ganz unauffällig mit einer Mole, auf der ein Leuchtturm – der von Les Onglous – steht. Diese Mole geht in einen Kai über, an dem Segelboote liegen, aber meist auch Platz genug ist, den Kahn vor der Überfahrt über den Étang de Thau einigermaßen seefest zu machen. Denn Binnenschiffer kennen Wind und Wellen meist nur aus Seemannsliedern, sodass sie auf ihren Booten offene Rotweinkaraffen, gefüllte Blumenvasen und ähnliche umsturzgefährdete Utensilien ziemlich sorglos herumstehen haben. Dergleichen ist vor der Ausfahrt auf den mitunter recht kabbeligen See zu sichern, im Zweifelsfall ins Spülbecken zu stellen.

Zum Übernachten ist die Mole am vorderen Ende ein bisschen windig. Nach den Segelbooten kommt ein Kai, der für die Berufsschifffahrt reserviert ist. Danach gilt es mit Vorsicht ans Ufer zu lavieren. Denn bis zur ersten Schleuse sind die Ufer auf beiden Seiten eingefallen. Der Treidelpfad existiert nur noch als Trampelpfad. Nach der ersten Brücke und der ersten Rechtskurve ist das Anlegen über Nacht ebenfalls nicht empfehlenswert: Die viel befahrene Eisenbahnstrecke von Marseille nach Toulouse mit dem Abzweig nach Spanien in Narbonne führt unmittelbar am Kanal vorbei.

Einfallende Ufer am Beginn des Kanals.

Die ersten fünf Kilometer werden zunehmend zu einer unappe-
titlichen Angelegenheit, je näher die erste Schleuse von Bagnas
kommt. Denn der brackige Kanal, in den das Salzwasser vom
Étang de Thau hineinspült, führt nahe am Süßwassersee von
Bagnas vorbei. Von dort verirren sich Fische in die salzhaltige
Flüssigkeit und verenden dort. Es sind so viele, dass nicht einmal die aasfressenden Möwen ihrer Herr werden. Oberhalb der
Schleuse, die als Salzsperre wirkt, ist der Spuk vorbei. Die
Écluse du Bagnas ist die erste jener trogförmigen, ursprünglich
dreißig Meter langen Kammern, die in den 1980er-Jahren um
zehn Meter verlängert wurden. Die Trogform beizubehalten er-
wies sich nicht nur aus nostalgischen Gründen als sinnvoll. Im
Trog passen nämlich zwei der bis zu 3,50 Meter breiten Charterboote nebeneinander. So lassen sich vier bis fünf der bis zu
15 Meter langen Hausboote gleichzeitig schleusen.

Die Mündung des Hérault

In den letzten Jahren sind alle Schleusen elektrifiziert worden.
Freunde des Trimmsports an der Schleusenkurbel haben also
keine Gelegenheit mehr, auf dem Weg nach Toulouse ihre
Kräfte zu erproben.

Die Schleuse von Bagnas hat nur eine geringe Hubhöhe.

Drei Kilometer nach der Schleuse von Bagnas folgt die Einfahrt in den Fluss Hérault. Zuvor müssen noch zwei Klippen umschifft werden. Nach einer Straßenbrücke folgt eine rechtwinklige Kurve nach links. Pénichenfahrer, die ja ihren Steuerstand hinten haben rund dreißig Meter Schiff und mehr in solchen Kurven blind vor sich herschieben, bleibt nichts weiter übrig, als sich laut hupend in langsamer Fahrt um diese Ecke herumzutasten. Freizeitschiffer sollten ebenfalls verlangsamen, die Ohren spitzen und die Kurve weit rechts nehmen. Wenn der große Pott zu hören oder gar schon zu sehen ist, lieber vor der Kurve warten!

Kurz nach dieser Biegung folgt die Einfahrtsschleuse in den Hérault. Bei normalem Wasserstand steht sie offen. Wenn nach starkem Regen der Hérault aber nur zwanzig Zentimeter ansteigt, wird sie in Betrieb genommen. Sie ist, weil neueren Datums, mit parallelen Schleusenwänden versehen.

Nach der Ausfahrt aus dieser Schleuse weiten sich Blick und Wasserfläche. Der Hérault, der dem Département und dem hiesigen Wein seinen Namen gibt, wird auf einer Strecke von weniger als einem Kilometer befahren. Die Strömung ist mäßig, da sie von einem Stauwehr bei der Eisenbahnbrücke flussab-

Meistens offen: die Hochwasserschleuse zum Hérault.

wärts gebremst wird. Auf diesem Stück ist Gelegenheit, Anfängern und Kindern für ein paar Minuten das Ruder zu überlassen, weil bei der Breite des Flusses Zickzack-Fahren ungefährlich ist.

Agde

Der Einfahrtskanal zur runden Schleuse von Agde ist dafür wieder umso enger. Die Rundschleuse von Agde ist eine Kuriosität. Sie war ursprünglich kreisrund mit einem Durchmesser von dreißig Metern. Über ihre drei Tore konnte und kann man Richtung Béziers, Richtung Agde und Mittelmeer sowie Richtung Étang de Thau fahren. Im Zuge des Ausbaus ist nicht das ganze Schleusenbecken vergrößert worden, sondern nur ein Viertel. Schiffe, die aus Sète kommen und nach Agde wollen, können problemlos um 90 Grad nach links in der Schleuse drehen, auch wenn sie länger als dreißig Meter sind. Geradeaus nach Béziers haben Schiffe bis 40 Meter keine Probleme. Nur wer aus Béziers mit mehr als dreißig Metern Länge um die Ecke nach Agde will, bekommt Schwierigkeiten. Er fährt sinnvollerweise erstmal geradeaus auf den Hérault hinaus, dreht dort und fädelt sich dann aus der Gegenrichtung in die Schleuse ein.

Typisch Canal du Midi: Platanen auf beiden Ufern.

Ansonsten ist der Betrieb an der Rundschleuse nicht gerade hektisch, sie ist mit einer Signalanlage versehen. Normalerweise werden Tore und Schieber erst in Bewegung gesetzt, wenn sich ein paar Freizeitboote angesammelt haben. An der Wasserknappheit kann's nicht liegen, denn es geht vom Hérault ungefähr einen halben Meter bergab, und der hat Wasser genug. Die gestrenge Schleusenwärterin achtet sorgfältig darauf, dass sich niemand durch das dritte Tor nach Agde hinunterschmuggelt, der das nicht darf. Dort unten ist nämlich wieder mal eine Seeschifffahrtsstraße, die für Charterboote tabu ist. Das ist schade, denn am Kai, an dem die Fischkutter festmachen, und gegenüber wäre wohl leicht ein Plätzchen zu finden. Vorschrift ist Vorschrift, und so ist ein Sportboothafen für Binnenschiffe gleich neben der Rundschleuse in Richtung Béziers gegraben worden. In ihm liegen Privatboote unterschiedlichen Erhaltungszustands, auch eine Charterbasis hat sich angesiedelt – kein sonderlich einladender Platz. Also legt man besser am Kanalufer vor oder nach der Schleuse an, denn Agde ist einen Halt wert, wenn auch der Landweg vom Kanal mit Hindernissen versehen ist. Über die Kanalbrücke, die den Ortseingang nach Agde bildet, donnern Autos mit hohem Tempo. Zwischen dem Stichkanal nach Agde und dieser Straße gibt es einen Spazier-

Einzigartig: die Rundschleuse von Agde.

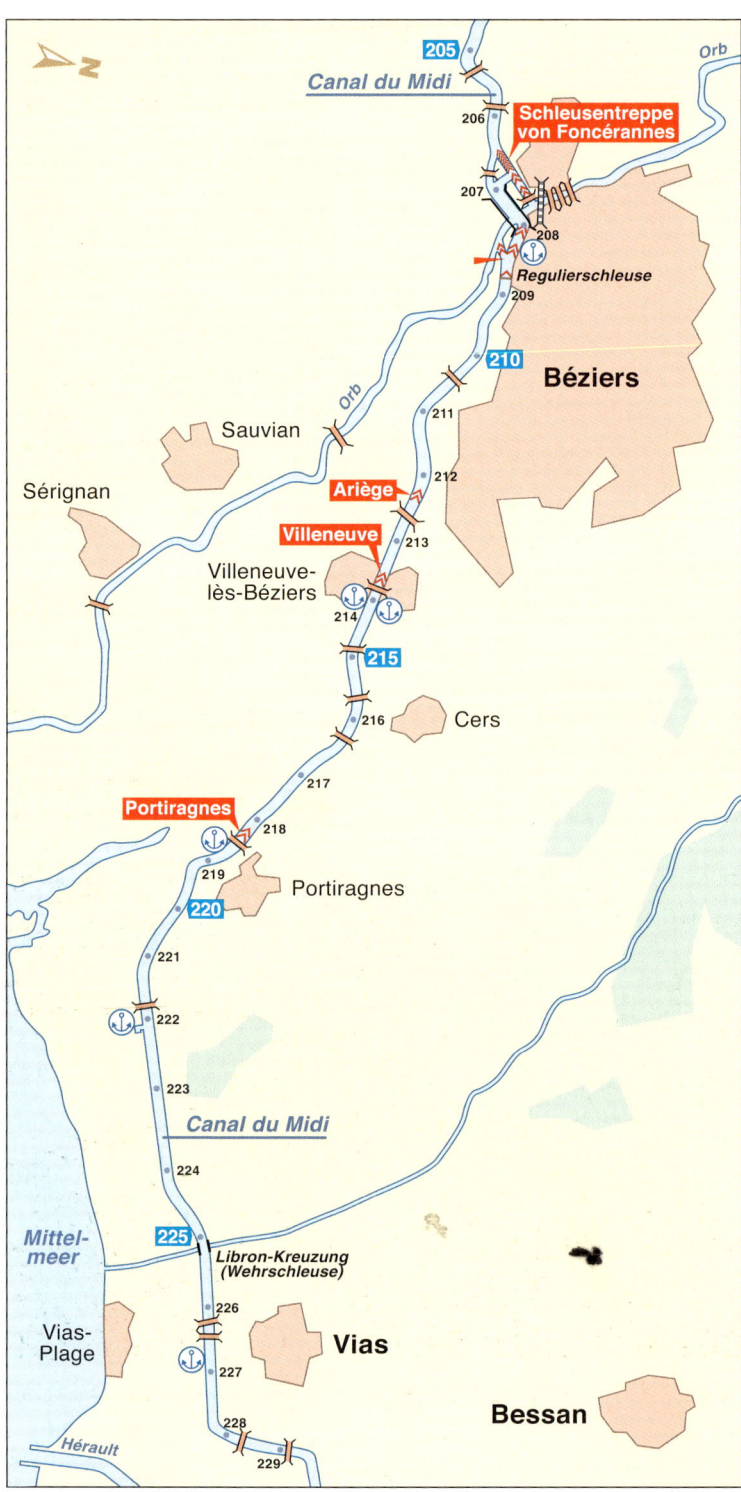

weg. Er unterquert die Eisenbahn, während die Autos an einer Schranke warten müssen. Von der Straßenbrücke über den Hérault liegt einem dann endlich die griechische Gründung Agde zu Füßen, beherrscht von einer Kathedrale, die als Wehrkirche angelegt wurde.

Die engen Gassen laden zu einem schattigen Rundgang ein. Am Kai ein Hauch von Sète: eine Reihe Fischlokale mit Blick auf die Kutter, die den frischen Fang hereingebracht haben. Agde, einst ein Seehafen, liegt heute fünf Kilometer landeinwärts.

Nach der Rundschleuse von Agde folgt ein dreizehn Kilometer langer Kanalabschnitt ohne Schleuse. An den Ufern wechseln Platanen, Zypressen und Schilf ab. Nach sechs Kilometern führt der Kanal durch ein seltsames Gebilde von Schiebern, Toren, Kurbeln und Rollen, das der Laie nicht zu deuten weiß.

Die Libron-Kreuzung

Die rätselhafte, aber bei näherem Hinblick durchaus sinnreiche Einrichtung ist die Kreuzung des Kanals auf gleicher Höhe mit dem Flüsschen Libron. Die meiste Zeit des Jahres ein harmloses Rinnsal, schwillt der Libron zum Verkehrshindernis an, wenn an seinem Oberlauf heftige Regenfälle niedergehen. Die

Komplizierte Konstruktion: die Wehrschleuse am Fluss Libron.

französischen Wasserbau-Ingenieure haben das Bett des Libron vor der Kreuzung verdoppelt. Eine Hälfte wird gesperrt, während das Schiff bis zur Mitte fährt und dort wartet, bis die Fluten hinter ihm den Kanal queren, während der Weg vor ihm durch Herablassen der seitlichen Schieber freigemacht wird. Somit bleibt der Kanal auch bei Hochwasser passierbar, während die Guillotine-Tore auf dem Canal du Rhône à Sète bei der Flusskreuzung des Vidourle die Schifffahrt solange unterbrechen, bis der Wasserstand wieder auf das Normalmaß gesunken ist.

2,5 Kilometer weiter liegt am südlichen Ufer eine Charterbasis. Wer nur Wasser oder Diesel fassen will, braucht nicht in die Basis einzulaufen. Unmittelbar am Kanal ist ein Steg, der für einen kurzen Halt geeignet ist. Zu diesem Stützpunkt gehört auch ein Restaurant, wichtig zu wissen für Kapitäne, die gern die Kombüse kalt lassen. Was die Charterbasen betrifft, so befinden sie sich untereinander in harter, aber freundlicher Konkurrenz. Wer einem fremden Boot hilft – bei größeren technischen Problemen ist das meist wegen der unterschiedlichen Motoren schwierig –, hofft, mit dessen Besatzung womöglich einen neuen Kunden für die nächste Reise gewonnen zu haben.

Wer einen Abstecher zum Meer plant, das hier nur anderthalb Kilometer vom Kanal entfernt liegt, muss sich an die Straßenbrücken von Vias (östlich des Libron) oder die von St. André (westlich von Port Cassafières) halten. Die Gemeinde Vias hat einen schönen Anleger mit Telefonzelle hergerichtet, an dem man auch kostenlos Wasser fassen kann.

Portiragnes

In Portiragnes endet der dreizehn Kilometer lange schleusenlose Kanalabschnitt. Von hier bis nach Béziers ist neben dem Kanal ein asphaltierter Fahrradweg angelegt. Der Treidelpfad bleibt den Fußgängern vorbehalten. Dieser Weg verlockt sehr dazu, dass sich ein Teil der Besatzung radelnderweise von Schleuse zu Schleuse bewegt, die hier in zumutbaren Abständen von höchstens viereinhalb Kilometern liegen. Zwischen den Schleusen von Villeneuve und Ariège führt die Autobahn A 9 über den Kanal. Offiziell ist das Festmachen auf diesem Abschnitt untersagt. Aber wer wird schon gern die Mittagspause oder gar die Nachtruhe vom hohen Lärmpegel einer Autobahn stören lassen! Übrigens sind die Ufer ab Portiragnes wieder von hohen Platanen gesäumt. Ältere enge und weitgespannte neuere Brücken lösen einander ab. Die älteren geben zwar die besseren Fotomotive ab, erfordern aber bei der Durchfahrt mehr Vorsicht.

Streckenweise führt die Nationalstraße 112 unmittelbar am Kanal entlang. Solange das Boot in Fahrt ist, übertönt das Dieseltuckern den Straßenlärm. Zum Übernachten ist dieser Kanalabschnitt aber wenig geeignet, zumal sich etwa drei Kilometer vor Béziers auch noch die viel befahrene Eisenbahnstrecke von Montpellier nach Narbonne in den Verkehrsstrom einreiht.

Für Leute, die weiter als bis drei zählen können: An der vierten Brücke nach der Schleuse von Ariège befindet sich ein sogenanntes Fluttor. Es sieht aus wie eine halbe Schleuse und verhindert, dass bei Hochwasser die Fluten des Orb in den Kanal strömen. Bis Mitte des 19. Jahrhunderts führte der Canal du Midi ein Stück durch den Fluss. Heute dient der entsprechende Abschnitt, durch den die Schiffe auf den Orb fuhren, nur noch

Zwei Hausboote kommen gut aneinander vorbei.

der Wasserzufuhr für den Canal du Midi. Kurz vor der Schleuse von Béziers zweigt dieser Canalet du Pont Rouge (Kleiner Kanal zur Roten Brücke) nach links ab. Man kann in diesen Seitenarm einlaufen und an ruhiger Stelle festmachen.

Béziers

Einst fuhren die Schiffer den Orb ein Stück aufwärts, um kurz vor der heutigen Eisenbahnbrücke links in einen heute stillgelegten Kanalabschnitt einzubiegen. Dort befand sich auch der Hafen von Béziers mit dem Namen Port Notre Dame. Weil Hochwasser auf dem Orb allemal die Schifffahrt zum Erliegen brachte, wurde 1857 eine Kanalbrücke über den Fluss eingeweiht. Erbaut im klassizistischen Stil jener Zeit, ist sie eine der Attraktionen des Kanals. Wer sie passiert, der hat einen wunderschönen Blick auf Béziers, die Stadt auf dem Berg, und auf die übrigen Brücken über den Orb – insgesamt vier, neue und ältere.

Ehe es so weit ist, gilt es erst noch zwei Schleusen zu bezwingen und den heutigen Hafen von Béziers zu durchqueren. Diese Schleusen wurden ebenfalls Mitte des vorigen Jahrhunderts angelegt. Sie sind also nicht in der Trogform des Kanalarchitekten Riquet, sondern mit parallelen Schleusenwänden gebaut. Ursprünglich befand sich vor und nach dem Hafen je eine Dop-

Abzweig des Canalet du Pont Rouge vor der Schleuse Béziers.

pel- beziehungsweise Dreifachschleuse. Im Zuge der Modernisierung wurden die Schleusen nicht nur elektrifiziert, mit Lichtzeichen versehen und auf 40,50 Meter verlängert. Man legte die
Mehrkammerschleusen zusammen, sodass sie nun über Hub-
höhen von 4,24 Meter (Schleuse von Béziers) beziehungsweise
6,19 Meter (Orb-Schleuse) verfügen. Die Einfahrt in derartig
tiefe Kammern ist ein wenig beängstigend, und beim Hinunter-
schleusen mag manch einer nachrechnen, ob seine Leinen lang
genug sind. Keine Angst – die Planer des Umbaus haben an
Sportboote gedacht und in die Schleusenwände Stangen einge-
lassen, die senkrecht nach oben beziehungsweise unten führen.
Die Leinen werden einfach um die Stangen gelegt und rutschen
auf Höhe des Bootes mit.

Früher gab es im Hafen von Béziers eine Tankstelle. Wer heute
seine Kraftstoffvorräte auffüllen will, kann dies unterwegs an
den zahlreichen Charterbasen tun. Eine kleinere hat in Béziers
ihren Heimathafen. Da verschiedene Bootsvermieter den Treibstoff nicht nach Verbrauch, sondern nach Betriebsstunden und
obendrein zu einem nach oben abgerundeten Preis abrechnen,
empfiehlt es sich, vor Fahrtende an einer anderen Basis noch
einmal voll zu tanken und die Rechnung bei der Rückgabe des
Bootes vorzulegen. Der Betrag wird dann von der errechneten

Ein beliebtes Fotomotiv: die Kanalbrücke über den Orb.

Pauschale abgezogen, wobei man darauf achten muss, dass die Liter und nicht die Euro berücksichtigt werden. So lässt sich ein erkleckliches Sümmchen sparen. Denn die Uhr, die Betriebsstunden zählt, läuft auch in den Schleusen, wo man zur Sicherheit den Motor nicht stoppen soll. Der Verbrauch im Leerlauf ist aber sehr viel geringer als die von den Charterfirmen verlangte Stundenpauschale.

Der Hafen von Béziers ist in den letzten Jahren erneuert worden. Man hat die Kais befestigt, die Ufer bepflanzt, und zwischen den älteren Lagerhäusern erheben sich Neubauten, in denen teilweise Büros, teilweise Wohnungen eingerichtet sind. Auf dem zum Orb gelegenen Kai stehen Platanen, unter denen sich im Schatten festmachen lässt. Von hier aus ist ein kleiner Spaziergang zum Fluss möglich, wo die Kanalbrücke einen eindrucksvolleren Anblick von unten bietet, als wenn man oben darüberfährt.

Obwohl der Canal du Midi Béziers rechts liegen lässt, lohnt die Stadt in jedem Fall einen Besuch. Mittelachse und Flanierstraße ist die Allée Paul Riquet, benannt nach dem Erbauer des Canal du Midi, der hier geboren wurde. Ein überlebensgroßes Standbild aus dem Jahre 1838 krönt den platanenbestandenen Boulevard, dessen Mitte den Fußgängern und Händlern gehört. Bé-

Blick über den Kanal auf die Altstadt von Béziers.

ziers ist mit rund 70 000 Einwohnern die größte Stadt, die der Canal du Midi passiert, vom Endpunkt Toulouse abgesehen. Südlich vor der Allée Paul Riquet, den Berg hinauf, erstreckt sich die Altstadt. An der Kathedrale St. Nazaire ganz oben bietet sich von einer Aussichtsplattform ein wunderbarer Blick über das Orb-Tal und die Ebene, durch die sich der Canal du Midi schlängelt.

Am unteren Ende mündet die Allée Paul Riquet in das Plateau des Poètes, einen hübschen Park oberhalb von Bahnhof und Kanalhafen. In dem kleinen Freilichttheater wird im Sommer ein Festival veranstaltet.

Die Blüte der Stadt Béziers konnte im Jahre 1209 niemand voraussehen. Damals wurde in einem blutigen Massaker durch die Nordfranzosen die gesamte Bevölkerung ausgerottet. Wie so oft in der Geschichte musste die Religion herhalten, wo es um Macht und Geld ging. Es ist mehr als eine Legende, dass der päpstliche Legat Arnaud Almaric dazu aufforderte, alle Einwohner von Béziers niederzumachen. Der Herrgott werde die Gläubigen und Ungläubigen im Jenseits schon auseinandersortieren. Mit den Ungläubigen waren die Katharer gemeint, eine asketische Bewegung, die Gott und den Teufel als konkurrierende Mächte betrachtete.

Der Pfeil zeigt den Weg zur Schleusentreppe.

Die Schleusentreppe von Foncérannes

Um eine Hauptsehenswürdigkeit von Béziers kennen zu lernen, braucht man das Schiff nicht zu verlassen, im Gegenteil: Der Canal du Midi führt vom Aquädukt über den Orb durch eine zypressenbestandene Strecke geradewegs hin zur Schleusentreppe von Foncérannes. In unmittelbarer Nähe einer Heilquelle – die früheren Kurgebäude dienen heute als Altersheim – wurden einst, vom Wasserspiegel des Orb gerechnet, mit neun Schleusen vierundzwanzig Meter Höhenunterschied überwunden. Von diesen Schleusen sind seit dem Bau der Kanalbrücke über den Fluss noch sechs in Betrieb, mit deren Hilfe die Schiffe immerhin 13,60 Meter aufsteigen. Die Schleusentreppe ist elektrifiziert. Von 8 Uhr 30 bis 9 Uhr 30 und von 13 Uhr 30 bis 15 Uhr 30 wird abwärts geschleust, von 10 Uhr bis 11 Uhr 45 und von 16 bis 18 Uhr 15 aufwärts.

Die Berufsschifffahrt hat in jedem Fall Vorfahrt. Neben der Schleusentreppe, die als historisches Baudenkmal erhalten bleiben soll, ist ein technisches Bauwerk von trauriger Berühmtheit zu sehen, der sogenannte „Wasserkeil". Diese Form von Schiffshebewerk, wie sie nach ähnlichem Prinzip in Mon-

Der neuzeitliche Wasserkeil liegt seit Jahren trocken.

tech am Garonne-Seitenkanal arbeitet, schiebt in einer 272 Meter langen Betonrinne das Wasser samt Schiff vor sich her.

Erdacht hatte man diesen Wasserkeil im Rahmen des Kanalausbaus, weil sich die einzelnen Kammern einer Schleusentreppe nicht einfach verlängern lassen. Da Lastkähne diese Strecke zur Zeit nicht befahren, obwohl der Weg zum Mittelmeerhafen Port-la-Nouvelle entsprechend ausgebaut ist, wird der Wasserkeil höchst selten in Bewegung gesetzt. Der Lokalzeitung ist es allemal eine Reportage wert, wenn das technische Wunderwerk ein Schiff befördert, das länger als dreißig Meter ist und demzufolge nicht durch die Schleusentreppe passt.

Oberhalb der Schleusen von Fonçérannes folgt ein weiterer Geniestreich des Baron Riquet: Durch ausgeklügelte Planung hat er eine Kanalstrecke von nicht weniger als 53 Kilometer ohne jede Schleuse zustande gebracht, und das nicht etwa in einer weiten Ebene, sondern am Rande eines hügeligen Landes. Riquet ist einer Höhenlinie gefolgt, allerdings in zahlreichen Windungen, die sich in teilweise sehr engen Kurven niederschlagen. Vor solchen Biegungen gilt das Rechtsfahrgebot noch mehr als sonst. Ein Hupton kann nicht schaden, wenn auch bei den teilweise kläglichen Tröten auf den Schiffen kaum etwas zu hören sein dürfte.

Noch alles offen: die Schleusentreppe am frühen Morgen.

Diese engen Kurven haben übrigens die Modernisierer an den Rand der Verzweiflung gebracht. Denn irgendwann ist ihnen aufgegangen, dass es nicht einfach genügt, die Schleusen zu verlängern. Die Kähne mit dem Standardmaß von 38,50 Metern hätten große Mühe, um die Ecken zu kommen, vom Gegenverkehr teilweise unerfahrener Touristen ganz zu schweigen. Damit die Frachter mit voller Nutzlast von 350 Tonnen anstelle der heute möglichen 150 Tonnen fahren könnten – um die Wirtschaftlichkeit geht es schließlich –, müsste der Kanal außerdem um 40 Zentimeter ausgebaggert werden. Die Alternative, den Wasserspiegel zu erhöhen, würde noch teurer: Brücken, Schleusentore und -kammern müssten entsprechend angehoben werden, Dämme verstärkt, und der für den Pannenhilfsdienst so nützliche Treidelpfad stünde unter Wasser.

So weit wird es aus heutiger Sicht wahrscheinlich nie kommen. Der Canal du Midi windet sich weiterhin in seinem vor über dreihundert Jahren gegrabenen Bett und zeugt von der Genialität seines Erbauers. In Colombiers, sechs Kilometer von Béziers entfernt, hat man einen kleinen Seitenarm ausgebaggert, in dem gleich zwei Charterbasen ansässig sind. An der Brücke dieses intakten Dorfes, in dessen Art sich von nun an viele wie Perlen an der Schnur am Kanal aufreihen, ist noch ein altes Waschhaus zu sehen.

Hotelschiffe sind derzeit die größten Wasserfahrzeuge.

Am neuen Hafen hat sich wie in alten Zeiten ein lebhaftes Geschäftszentrum mit Apotheke, Zeitschriftenhandel und einem Café gebildet. Am nahe gelegenen Schloss, das ein Restaurant mit hübscher Terrasse beherbergt, nagt hingegen der Zahn der Zeit. Speisen in Kanalnähe ist Glückssache: Manches Wirtspaar gibt sich viel Mühe, auch nur kurz verweilende Gäste liebevoll mit regionaler Küche zu verwöhnen. Aber es gibt auch gastronomische Wegelagerer, deren Rechnungen mit ungenießbarem Fast Food leider aufgehen. Denn sie sind am Kanal nicht auf Stammkundschaft angewiesen, sondern können nichts ahnende Touristen einmal und nie wieder abspeisen. Bei sieben- bis achttausend vorüberfahrenden Schiffen pro Jahr bleibt genug hängen. Zum Glück aber haben alle Boote eine Pantry an Bord.

Der Tunnel von Malpas

Anderthalb Kilometer hinter Colombiers kommt der Tunnel von Malpas in Sicht. Er ist 161 Meter lang, sechs Meter breit und fünf Meter hoch. Man kann von einem Ende zum anderen geradewegs hindurchgucken. Eine Vorfahrtsregel gibt's nicht.

Blick und Wasserweg frei: der Tunnel von Malpas.

Tourouzelle

145

Homps

Homps 146

Olonzac

Pechlaurier (2) 147 148 **d'Ognon (2)**

Garde d'Ognon

151 149

150

152 Argens-Minervois

Argens

153

Roubia

154

155

Pouzols-
Minervois

156

157 Mailhac

Canet 158 Paraza 159

160

Ventenac-en-Minervois
161

162

163 Ginestas

Aude

Saint 164 Mirepeisset
Nazaire
d'Aude

166 Argeliers Montuliers

165

167 Port-la-
Somail 168 Robine

170 172

Saint 169 171 173

Marcel-
sur-Aude Canal de
jonction 174

Cruzy

175

la Craoisade 176 Ouarante

177

Salléles- 178
d'Aude

Ouveillan 179

180

181

Canal du Midi

Cuxac- 182 184
d'Aude 183

185

186

187 Puisserguier

188

Capestang

189

Coursan

190

Poilhes 193 191

192

195 194

196

197

Nissan- Montady
lez-Enserune 198 Tunnel
Malpas

199 **200**

Maureilhan

Colombiers 201

202 Maraussan

203

204

205 **Béziers**

Ehe man in ihn einfährt, sollte man überlegen, ob man nicht noch eine andere Sehenswürdigkeit besichtigen will. Genau genommen gibt es zwei. Oberhalb der Tunneleinfahrt führt eine Straße zum Oppidum von Ensérune. Anlegen am nördlichen Ufer etwa hundert Meter vor dem Tunnel ist möglich, dann ein paar Schritte durchs Gelände und schließlich einen guten Kilometer den Berg hinauf. Oben liegen die Ausgrabungen einer keltisch-iberischen Siedlung. Die Mauerreste sind außen ganz formlos zu besichtigen, wertvollere Funde werden in einer Villa ausgestellt, die vormittags von 9 bis 12 und nachmittags von 14 bis 17 Uhr geöffnet hat. Gratis ist der Blick von hier oben in nördliche Richtung auf den trockengelegten See von Montady. Der wäre nichts Besonderes, wenn die Felder nicht sternförmig zur Mitte liefen. Diese Anordnung folgt den Bewässerungsgräben. In seiner Form und Vielfarbigkeit gleicht das Ganze einer Dart-Zielscheibe, wie sie in englischen Pubs zum Inventar gehört.

Waren es auf dem Berg Zeugnisse aus vorrömischer Zeit, so wirbt das nächste Dorf Poilhes mit römischen Spuren. Gleich am Kai kann man in ein bescheidenes Loch blicken, das einen römischen Speicher darstellen soll.

Poilhes war eines der ersten Dörfer am Kanal, das mithilfe von Einrichtungen zur Müllentsorgung und zum Wasserfassen die

Sternförmig trockengelegt: der Étang de Montady.

Bootsfahrer zum Verweilen einlud. Neuerdings kostet das Anlegen Geld. Inzwischen haben fast alle Gemeinden den Wert des Bootstourismus für den örtlichen Handel und die Gastronomie entdeckt und die alten Ladekais hübsch hergerichtet und Wasseranschlüsse geschaffen. Oft kostet das kostbare Nass eine Gebühr, was durchaus pädagogischen Wert hat: Mitunter reinigen Unbedachte ihr Deck mit Trinkwasser, obwohl dazu ein Eimer voll aus dem Kanal ausreichen würde.

Capestang

Sechs Kilometer weiter, immer von Platanen beschattet, kommt die Kathedrale von Capestang in Sicht – eine Nummer zu hoch für das Dorf. Vom Turm wehte einst die rot-gelbe okzitanische Flagge als Zeichen regionalen Selbstbewusstseins. Zuletzt war die Trikolore gehisst worden – wahrscheinlich hatte der Pfarrer gewechselt. Zwischen den beiden Brücken – einer stählernen, die zum inzwischen aufgegebenen Bahnhof führt, und der steinernen alten mit verengter Durchfahrt – kann man anlegen. Das tun viele, sodass oft zu beiden Seiten Boote liegen und die Passage bei Gegenverkehr eng wird. Es gibt Wasseranschluss und ins Ortszentrum sind es ein paar Schritte. Der Markt wird hier am Sonntagmorgen abgehalten.

Bei Capestang kann's eng werden.

Hinter Capestang folgt eine sehr gewundene Kanalstrecke mit mehreren Haarnadelkurven, in denen der Steuermann oder die Steuerfrau zu besonderer Aufmerksamkeit angehalten sind. Platanen säumen die Ufer hier durchgehend, ihre Wurzeln dienen der Uferbefestigung. Wo Platanen stehen, gibt es keine Auswaschungen und keine abgerutschten Böschungen. Im südlichen Sommer schützen sie das Kanalwasser und die Schiffer gleichermaßen vor dem Austrocknen. Wenn man diese natürlichen Mittel mit den künstlichen an anderen Kanälen vergleicht, seien sie aus Stein, Beton oder Eisen, dann sehen sie nicht nur sehr viel schöner aus, sondern sind offensichtlich auch dauerhafter.

Die Strecke zwischen Capestang und Port-la-Robine ist ausgesprochen malerisch und einsam. Auf rund zwanzig Kilometer gibt es keine Ortschaft, nur ein paar Einzelgehöfte. Dem Kanal am nächsten liegt das Dorf Argeliers, rund vier Kilometer von Port-la-Robine an einer 180-Grad-Kurve. Die alte Brücke und ein Restaurant samt einer Gruppe von Zypressen unmittelbar daneben sehen wie gemalt aus. Nach einem knappen Kilometer auf der kaum befahrenen Straße ist man im Dorf mit allen Versorgungsmöglichkeiten.

Malerisch: der Kanal zwischen Capestang und Port-la-Robine.

Lange Zeit wirkten die Dörfer am Canal du Midi wie aus einer anderen Zeit in ihrer Verschlafenheit und ihrem äußeren Stillstand. Das hat sich seit einigen Jahren geändert. An die engen Dorfkerne haben sich Neubaugebiete angeschlossen, deren Häuser nach Landesart erdfarben verputzt sind, die aber in der Masse sehr ähnlich und ein bisschen langweilig wirken.

Am Abzweig des Canal de la Robine Richtung Narbonne und Port-la-Nouvelle gilt es mit herabgesetzter Geschwindigkeit und erhöhter Aufmerksamkeit vorbeizufahren. Die Sicht ist eingeschränkt, weil der Triangel auf zwei Seiten von Brücken begrenzt ist.

Gleich hinter der nächsten Brücke Richtung Toulouse erstreckt sich in der hier beschriebenen Fahrtrichtung auf der rechten Seite der Port-la-Robine, ein ziemlich voller Privathafen mit Tankstelle. Unmittelbar danach folgt die Kanalbrücke über den Fluss Cesse, wie die meisten Aquädukte nur in einer Richtung befahrbar. Ein kleines Restaurant schließt sich an.

Le Somail

Keine zwei Kilometer weiter liegt das Dörfchen Le Somail. Seine alte Brücke in der historischen Eselsrückenform und die

Nur einspurig: die Kanalbrücke über den Fluss Cesse.

Gebäude auf beiden Ufern sehen aus, als ob sie unter Denkmalschutz stünden. Das Ensemble wirbt auf Postkarten und Postern für den gesamten Canal du Midi, und der Ort ist Ziel von Fahrgastschiffen und Ausflugsbussen.

Die Gastronomie zu beiden Seiten der Brücke wirkt äußerlich recht einladend. Wenn aber zu Saisonzeiten halbe oder ganze Hundertschaften gleichzeitig einfallen, hat das natürlich Folgen für den Betrieb, der zur Betriebsamkeit wird. Wer also gern einmal die Bordküche kalt bleiben lässt und in Ruhe bedient werden möchte, kann zu diesem Zweck geeignetere Anlegeplätze als diesen finden.

Der Canal du Midi führt im weiteren Verlauf bis Carcassonne durch das Tal der Aude, die manchmal bis auf Sichtweite herankommt. Fluss und Kanal bilden hier die ungefähre Grenze zwischen zwei namhaften Weinbaugebieten – dem Minervois im Norden und den Corbières im Süden. Beide gehören zum größten zusammenhängenden Weinberg der Welt, der sich im

Oft fotografiert: die historische Brücke in Le Somail.

Osten bis über Montpellier hinaus erstreckt. In die Schlagzeilen gekommen sind Minervois und Corbières Anfang der 1970er-Jahre, als die Winzer gegen die Politik der Zentralregierung in Paris protestierten. Damals brachen uralte Wunden wieder auf, die bis ins 13. Jahrhundert zurückreichen. Die gewaltsame Niederschlagung der religiösen Bewegung der Katharer wurde ebenso beschworen wie die Unterdrückung der okzitanischen Sprache. Okzitanisch liegt geografisch wie sprachlich zwischen dem Italienischen, dem Katalanischen und dem Französischen. Ja heißt auf Okzitanisch „oc", wonach das Gebiet Languedoc („Sprache des Oc") seinen Namen hat. Nachdem es 1977 bei Auseinandersetzungen zwischen Winzern und der Staatsgewalt Tote gab, ebbten die Demonstrationen schlagartig ab. Die Probleme der Monokultur Wein in dieser Region sind jedoch längst nicht gelöst. Hier und da sieht man Brachflächen und Felder, die auf andere Produkte wie Spargel, Tomaten oder Sonnenblumen umgestellt sind. Auch der Anbau von Oliven scheint sich wieder zu lohnen, wie die Anlage von neuen Plantagen zeigt.

Die Landschaften des Minervois und der Corbières sind viel zu schön, als dass man einfach mit Vollgas durch sie hindurchbrettern sollte. Da die Gegend hügelig bis bergig ist, wird man sie per Fahrrad vom Boot aus nur bedingt erfahren können. Sinnvollerweise miete man sich vor oder nach der Bootsfahrt ein paar Tage ein, was im Landesinnern jedenfalls günstiger als am Meer ist.

Unbedingt sehenswert ist das Städtchen Minerve, nach dem der ganze Landstrich seinen Namen hat. Es liegt von drei Seiten geschützt auf einem Felsen, wurde als Rückzugsort der Katharer aber dennoch von den Katholiken niedergemacht. Das Flüsschen Cesse mäandert sich mühsam durch die Berge und hat dabei sogar einige unterspült, was zu den berühmten natürlichen Brücken führte.

Nach Süden ist ein Ausflug nach Lagrasse zu empfehlen. Das Städtchen ruht werktags in sich, abgeschieden von der Welt und geschützt von den Bergen ringsum. Es lässt sich von Carcassonne oder von Lézignan aus auf kurvenreichen Berg- und Talstraßen ansteuern. Am Wochenende ist in Lagrasse und in Minerve mit Ausflüglern aus der näheren Umgebung zu rechnen.

Im Weinbaugebiet

Lézignan, Stadt des Weinhandels und ein Zentrum des Widerstandes der Winzer, lässt sich auch vom Kanal aus besichtigen. Von Argens-Minervois sind es nur sechs Kilometer auf der Landstraße. Liebhaber der Vergangenheit finden in Lézignan ein Weinbaumuseum.

Die Dörfer am Kanal, heißen sie nun Ventenac, Paraza, Roubia, Homps oder Laredorte, entbehren großartiger Sehenswürdigkeiten. Jedes für sich ist ein äußerlich intaktes kleines Gemeinwesen. Die Leute gehen ihren Geschäften nach und leben ihr Leben. Der flüchtige Passant auf dem Wasser kann mehr oder weniger diskreter Zuschauer sein, etwa beim Boule-Spiel am Spätnachmittag auf dem Dorfplatz oder in der Dorfkneipe. Auch dort kann es noch Überraschungen geben, wenn sich der Wirt mitten im tiefsten Weinbaugebiet schwertut, eine Flasche Wein hervorzukramen. Die Erklärung: Die Einheimischen bauen ihren Wein zwar selbst an, trinken in der Gastwirtschaft aber Pastis, Kaffee oder Bier – nur keinen Wein.

Im Übrigen sind die meisten Weine des Minervois und der Corbièren von harmlos-heiterer Art, gut trinkbar und leicht. Wegen des Überangebots wird ein Großteil Richtung Bordeaux transportiert, wo die Erträge geringer, die Erlöse aber höher sind. Wer's deutlicher ausdrücken will, nennt so etwas Verschnitt.

Voller Leben sind die Kais in Homps.

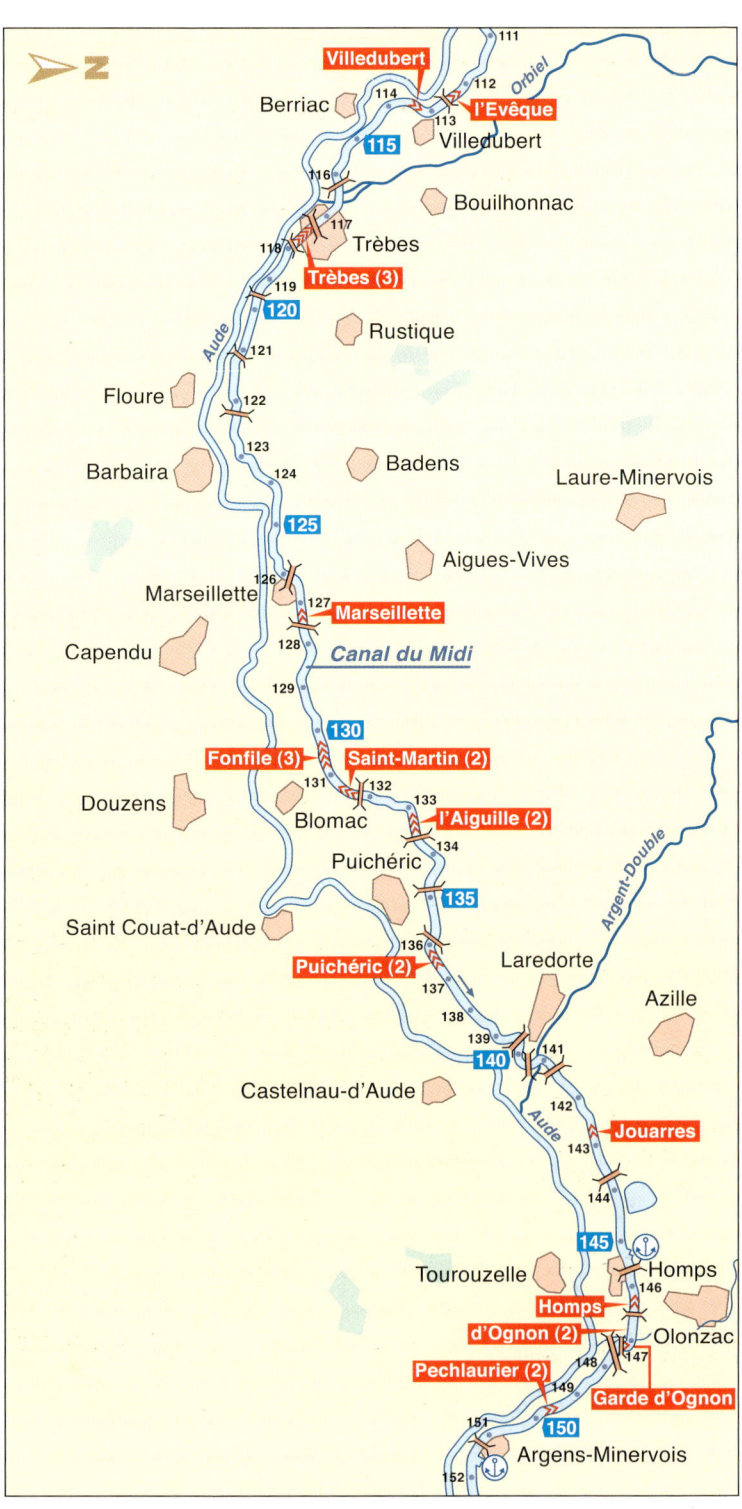

Fast überall längs des Kanals haben die Bewohner gemerkt, dass sich mit Freizeitschiffern gute Geschäfte machen lassen. So haben sie in Homps gleich zwei dreieckige Kanalhäfen gegraben, wo prompt eine Charterfirma ihre Boote zu Wasser gelassen hat. An den beiden alten Kais gibt es eine gewisse gastronomische Auswahl von einfacher Pizza bis zum Mehrgangmenü, überall wahlweise mit Freisitz sowie mit und ohne Blick aufs Wasser.

Zum Anlegen in Ventenac verlockt ein majestätisches Gebäude, das auf den ersten Blick wie eine Kirche wirkt. Darin wird allerdings nicht dem Heiligen Geist, sondern dem Weingeist gehuldigt: Es ist die örtliche Kellerei, geöffnet auch für den Publikumsverkehr. In Sichtweite und nur ein paar Schritte vom Ufer lässt sich's ebenso anspruchslos wie erschwinglich essen und trinken.

Zwischen Roubia und Argens-Minervois, wo man ebenfalls ein vergleichsweise großes Hafenbecken mit Sitz einer Charter-

Hier wird dem Weingeist gehuldigt: Kellerei in Ventenac.

firma gegraben hat, ist der schleusenlose Teil des Kanals zu Ende gegangen. Gut drei Kilometer oberhalb von Argens kommt urplötzlich eine meist grüne Ampel an der Brücke vor einem Fluttor in Sicht. Woher soll die Flut kommen? Der Wärter der kurz darauf folgenden Doppelschleuse löst das Rätsel: Das scheinbar so kleine Flüsschen Orgnon, das tief unter dem Kanal hindurchplätschert, kann bei Wolkenbrüchen in den Bergen so anschwellen, dass es den Kanal überflutet. So etwas habe er schon mehrfach erlebt.

In der überwiegenden Mehrzahl sind die Schleusenwärter freundliche Zeitgenossen, die inzwischen auch verstanden haben, dass die Erhaltung des Kanals und damit ihres Arbeitsplatzes von den Touristen abhängig ist. In den 1970er-Jahren war das noch anders. Da meinten viele, zwei bis drei Lastkähne pro Tag seien genug. Charterboote wurden eher als lästige Störenfriede bei der Gartenarbeit empfunden.

Liegt unmittelbar am Kanal: Argens-Minervois.

Weinprobe an der Schleuse

Allerdings hatten auch damals schon einige begriffen, dass da eine Kundschaft vorbeifährt, die auf frische Produkte vom Lande immer ansprechbar ist. Einer der ersten war der Wärter der Doppelschleuse von St. Martin in der Nähe des Dorfes Puichéric. Er bot einst den Schiffern freundlich Wein vom Fass an, das er in einem Schuppen beim Hause aufbewahrte. Über einen Schlauch konnte eine Kostprobe genommen werden, um dann eilends alles an Bord verfügbare Leergut zu spülen und mit dem roten Rebensaft zu füllen – zu einem Spottpreis. So viel Zeit ist beim heutigen regen Betrieb an den Schleusen nicht mehr. Wein wird manchenorts aber immer noch verkauft – allerdings bereits in Flaschen abgefüllt.

Weit über hundert Brücken überqueren den Kanal. Die originellere Form ist zweifellos, wenn der Kanal selbst über eine Brücke geführt wird. Man fährt auf dem Wasser übers Wasser, am eindrucksvollsten auf der schon erwähnten Orb-Brücke bei Béziers. Kurz vor Laredorte, wo wegen der engen Kehren wieder einmal besondere Vorsicht erforderlich ist, kommt am Ufer eine antik scheinende Rundbogenkonstruktion längs des Kanals in Sicht. Das ist ein Überlauf zur Regulierung des Wasser-

Das Fluttor schützt vor dem Hochwasser des Orgnon.

standes. Denn ebenso wichtig wie die Wasserversorgung ist die Notwendigkeit, den Kanal, etwa nach starken Regenfällen, nicht allzu sehr anschwellen zu lassen. Zu diesem Zweck gibt es oberhalb der Schleusen vergitterte Überläufe. Das Wasser wird dann in einem kleinen Kanal seitlich an der Schleuse vorbei – und unterhalb wieder ins Fahrwasser geleitet. Manchmal entstehen vor dem unteren Schleusentor Wirbel und Strömungen, die einen eisernen Lastkahn nicht kümmern, wohl aber ein Kunststoffboot.

Marseillette

Von den Dörfern am Kanal macht Marseillette den ärmlichsten Eindruck. Hinter der Schleuse fährt man an einem Friedhof vorbei, fast so tot wie der ganze Ort tagsüber scheint. Unmittelbar unterhalb der Straßenbrücke über den Kanal hat die Gemeinde an einem größeren Parkplatz einen kostenpflichtigen Wasseranschluss installiert. Daneben steht auch ein Toilettenhäuschen historischer Art, das sich dadurch auszeichnet, dass es in seinem Innern kaum Geruchsbelästigungen gibt. Der Grund: Die erleichternde Einrichtung hat bewusst kein Dach! Kostenloses Wasserfassen ist an der Schleuse von Marseillette möglich, wo

Überlauf mit Treidelpfad bei Laredorte.

man den Schlauch während des Auf- oder Absteigens in den Auffüllstutzen des Bootes hängen kann. Bis ein paar hundert Liter durchgelaufen sind, dauert es allerdings seine Zeit. Ungeduldige Mitschleuser oder ein wartender Berufsschiffer können somit sogar auf dieser gemütlichen Reise Stress und Ärger erzeugen. Im leicht erhöht gelegenen Dorf gibt es außer sehr spärlichen Überresten eines Schlösschens eine Pizzeria und ein Restaurant.

Trèbes

Ein wunderschöner Platz befindet sich an der Dreierschleuse von Trèbes. In der alten Mühle wird ein Restaurant betrieben. Von dessen Terrasse unter einem großen Olivenbaum hat man einen Blick nicht nur auf die Schleuse, sondern auch weit ins Aude-Tal hinaus bis hinüber zum Alarich-Gebirge, dessen Name daran erinnert, dass hier einst die Westgoten um das Jahr 500 ein Reich besaßen. Zwischen Schleuse und Brücke in der lebhaften Ortsmitte mit allen Einkaufsmöglichkeiten hat sich eine Charterbasis angesiedelt.

Am südlichen Kanalufer hat die Gemeinde einen schönen Anlegeplatz hergerichtet, ein kleinerer befindet sich unmittelbar hinter der etwas unübersichtlich zu passierenden Brücke am an-

Aufwärts geht's in der Dreierschleuse von Trèbes.

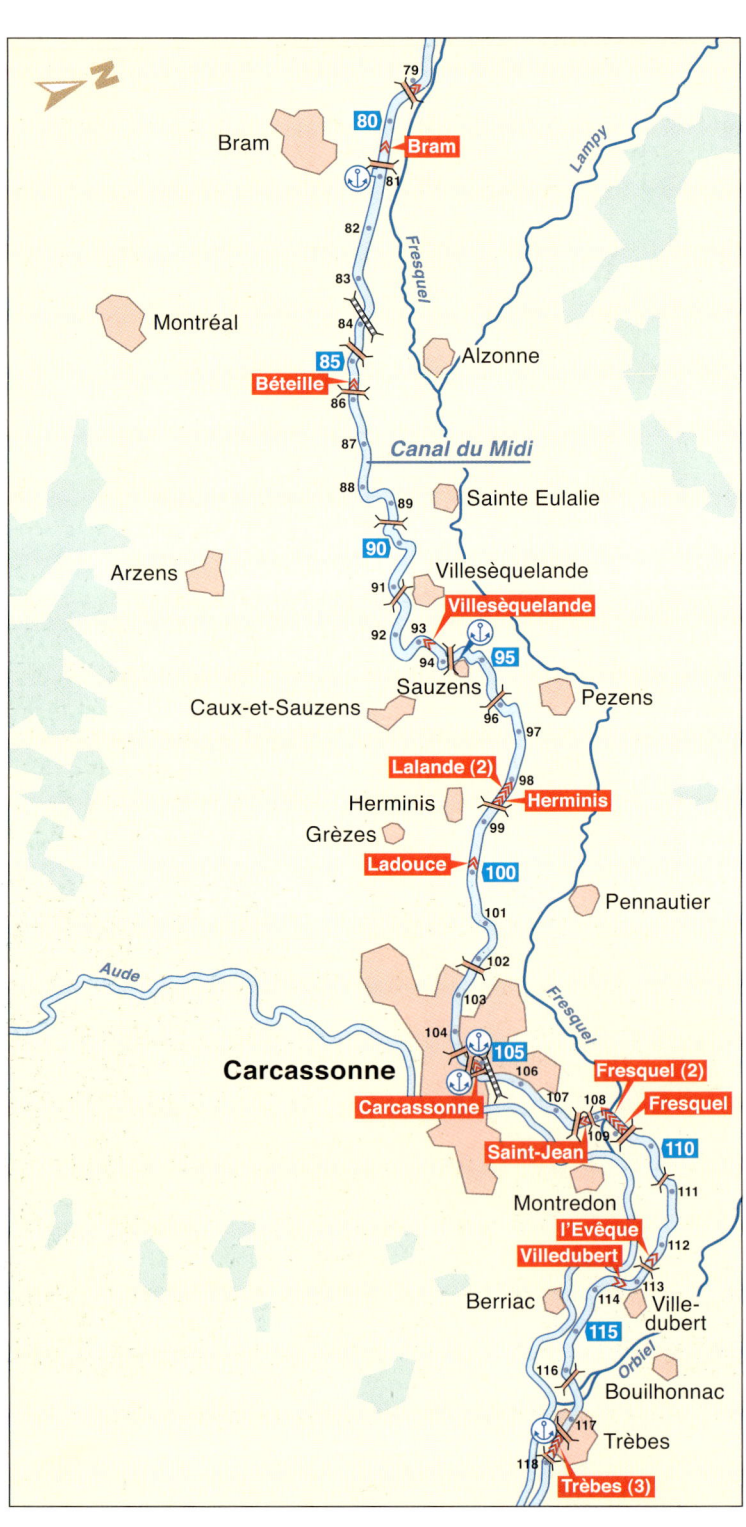

Bram

79
80 Bram
81
82
Fresquel
83
84
85 Béteille
86
87 *Canal du Midi*

Montréal

Alzonne

88
89 Sainte Eulalie
90
91 Villesèquelande
92 93 Villesèquelande
94
95
96 97

Arzens

Caux-et-Sauzens   Sauzens   Pezens

Lalande (2)
98 Herminis
Herminis   99

Grèzes

Ladouce   100

101

Pennautier

Aude

102
103
104 Carcassonne 105
106
Carcassonne   107 108 Fresquel (2)
109 Fresquel
Saint-Jean   110
111

Montredon   l'Evêque
Villedubert   112
113 Ville-
Berriac   114   dubert
115   Orbiel
116 Bouilhonnac

117 Trèbes
118
Trèbes (3)

Fresquel

Lampy

deren Ufer. Kurz nach dem Ortsausgang von Trèbes fährt man über eine fein restaurierte Kanalbrücke über den Fluss Orbiel. Der Frischwasserkanal wenig später ist leider zugeschüttet. Hier war früher eine der wenigen – im Übrigen verbotenen – Möglichkeiten, nach Schließung der Schleusen einigermaßen gefahrlos ins klare Wasser zu steigen. Die träge dahinströmende braune Brühe, in die alle Hinterlassenschaften der Schiffer abgelassen werden, wirkt wie ein unsichtbares Verbotsschild.

Als nächste Sehenswürdigkeit stehen die drei Schleusen von Fresquel und die gleichnamige Brücke über den Fluss an. Die Brücke gilt deshalb als bemerkenswert, weil sie Straße und Kanal unmittelbar nebeneinander über den Fresquel führt. Angeblich stiegen hier früher die Passagiere der Postbarke in bereitstehende Kutschen und umgekehrt.

Die Schleusen von Fresquel sind merkwürdigerweise so getrennt, dass zwischen der unteren und den beiden oberen ein zweihundertfünfzig Meter langes Becken liegt. Das ermöglicht zwar die Begegnung von Schiffen, erklärt aber nicht alles. Denn an anderen Stellen haben die Kanalbauer hemmungslos drei, vier oder mehr Schleusen zu einer Treppe aneinandergereiht. Des Rätsels Lösung findet sich in einem versperrten Tor, das zu einem Tunnel unter der parallel laufenden Nationalstraße führt.

Imposant schon von weitem: die drei Fresquel-Schleusen.

Wenn man über die Straße läuft, ist auf der anderen Seite nichts außer einem großen Weinfeld zu sehen. Aber der Fresquel ist nahe, und er mündet etwa einen Kilometer flussabwärts in die Aude. Offensichtlich war hier eine Verbindung vom Kanal hinunter in den Fluss geplant, die nie gebaut wurde. Daher auch die Breite des Beckens zwischen den Schleusen, denn die Schiffe hätten ja um neunzig Grad drehen müssen, um in den Stichkanal hineinzukommen.

Carcassonne

Auf dem Weg nach Carcassonne folgt nun ein von Zypressen bestandenes Ufer. Sie finden Beachtung, weil auf diesem Teil des Kanals die Platane der beherrschende Baum ist. In Richtung Toulouse ist die Bepflanzung vielfältiger: Pappeln, Eichen, Robinien, Vogelbeerbäume und Wildkirschen mischen sich unter die Platanen und lösen sie streckenweise ganz ab. An der Schleuse von Villedubert zwischen Trèbes und Carcassonne zeugen Palmen davon, dass der Canal du Midi (Midi = Süden) seinen Namen zu Recht trägt.
Übrigens hat sich die Vegetation am Kanal verändert. Ein Dokument aus dem Jahre 1772 verzeichnet ein Übergewicht der

Die historische Altstadt von Carcassonne über der Aude.

Pappel, gefolgt von der Weide. Außerdem wuchsen Maulbeer-
bäume, Ulmen, Eschen, Obst- und Ölbäume am Ufer.

Die Mehrzahl der Besucher Carcassonnes kommt nicht zu Wasser, sie kommt auch nicht mit dem Zug. Bahnhof und Kanalhafen mit Schleuse liegen unmittelbar nebeneinander – Zeugen
einer über dreihundert- beziehungsweise hundertfünfzigjähri-
gen Transportgeschichte. Die Autobahn führt südlich an der
anderen Seite der Stadt vorbei, und von hier kommen die Besu-
chermassen, um sich die Cité, die befestigte Altstadt, anzuse-
hen. Im vorigen Jahrhundert hat man sie vor dem Verfall geret-
tet, ein eindrucksvolles Bild einer mittelalterlichen Stadt, die
mehrfach als Filmkulisse gedient hat.

Die Mehrzahl der Touristen tappt eher verständnislos durch die
gepflasterten Gassen, in denen sich Souvenirläden und Cafés
aneinanderreihen. Der Italienreisende kennt es von Sirmione
oder San Gimignano: Man muss einfach da gewesen sein, weiß
aber nicht so recht, warum.

Unmittelbar neben der Basilika St. Nazaire, die halb gotisch,
halb romanisch ist, erstreckt sich eine halbrunde Freilichtarena.
Im Juli versucht man die Touristen von der Küste wegzulocken
mit einem bunt gemischten Festival von Hamlet bis Johnny
Hallyday.

Die Unterstadt („Ville basse"), über den Aude-Fluss mit zwei
Brücken verbunden, ist auch nicht ohne geschichtlichen Wert.
Sie wurde – etwa Mannheim vergleichbar – am Reißbrett entworfen. Der sechseckige Grundriss stammt aus dem 13. Jahrhundert, was bis heute an der Straßenbreite oder besser Stra-
ßenenge spürbar ist. Die Stadtverwaltung behilft sich mit Ein-
bahnstraßen, in denen mit kniehohen Metallpfählen buchstäblich eine Fahrbahn markiert ist. Rechts und links ist Platz für
Fußgänger.

Die Rue Clémenceau, die unmittelbar von der Kanalbrücke in
die Stadt hineinführt, ist Fußgängerzone. Über sie lässt sich's
zwischen Läden aller Art flanieren. Historische Architektur gibt
es zuhauf zu begucken. Gleich nach ein paar Schritten auf der
linken Seite eine Kuriosität: In die Front der Kapelle des Car-
mes aus dem 13. Jahrhundert sind gewöhnliche Läden eingebaut, praktischer Erwerbssinn mit Verehrung des Höheren unter einem Dach.

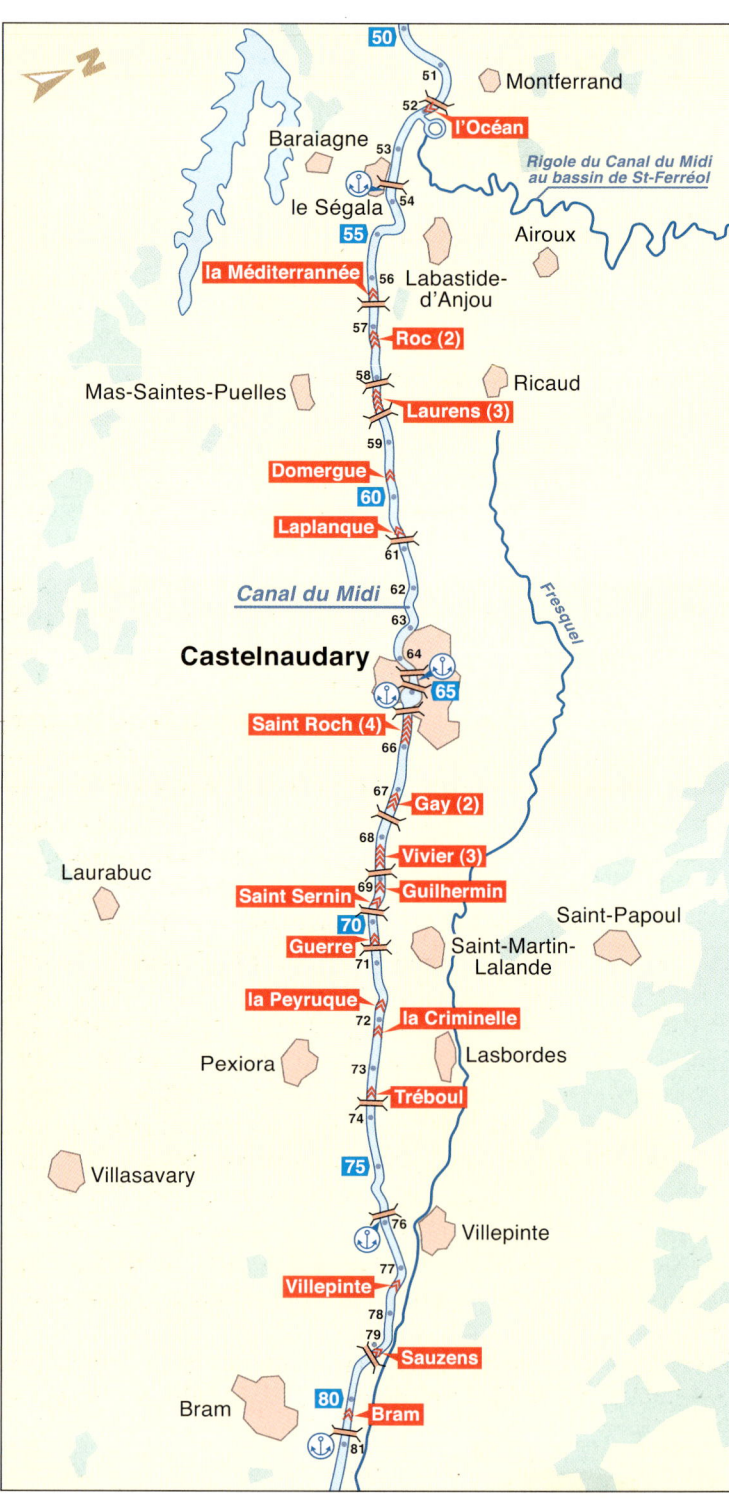

50
51 Montferrand
52
l'Océan
Baraiagne
53 *Rigole du Canal du Midi*
au bassin de St-Ferréol
le Ségala
54
55 Airoux
la Méditerrannée 56 Labastide-
d'Anjou
57
Roc (2)
58 Ricaud
Mas-Saintes-Puelles
Laurens (3)
59
Domergue
60
Laplanque
61
Canal du Midi 62
63
Castelnaudary 64
65
Saint Roch (4)
66
67
Gay (2)
68
Vivier (3)
Laurabuc 69
Saint Sernin **Guilhermin**
70
Guerre Saint-Papoul
71
Saint-Martin-
Lalande
la Peyruque
72
la Criminelle
73
Pexiora Lasbordes
Tréboul
74
75
Villasavary
76
Villepinte
77
Villepinte
78
79
Sauzens
80
Bram
Bram
81

Fresquel

Bram

Zwischen Carcassonne und Castelnaudary berührt der Kanal vierzig Kilometer lang keine größeren Ortschaften. Wer gern unter Menschen ist oder seine Vorräte ergänzen will, ist auf Schusters Rappen oder den Drahtesel angewiesen. Aber es gibt auch schöne, gänzlich unerwartete Überraschungen unmittelbar am Wasser: In der Nähe des Fleckens Sauzens, etwa zehn Kilometer hinter dem Ortsausgang von Carcassonne, mitten im Slalomgewirr einer Reihe von engen Kurven, hat man einen Anleger gebaut. Das Beste daran: Außer einer Mülltonne und einem Briefkasten gibt's über der Straße an einer Mauer einen kostenlosen Wasseranschluss. Eine Anlegestelle, die auf jeden Fall lohnt, befindet sich auf der Höhe von Bram. Unmittelbar neben der Brücke steht ein altes Haus der Kanalverwaltung. Der Kai davor ist in ähnlicher Rundung wie die Schleusenkammern angelegt, was darauf hindeutet, dass er aus historischen Zeiten stammt. Hier liegen heutzutage die Boote einer Charterbasis. Das dazugehörige Büro befindet sich in einem hübschen Haus mit malerischer Terrasse unmittelbar am Kanalufer – leider eine Touristenfalle: Die Wirtin des Restaurants hat uns für eine Kugel Eis glatte vier Euro abgenommen. Schadenfreude ist fehl am Platze, denn irgendwo erwischt es jeden.
Die Straße nach Bram ist etwa anderthalb Kilometer lang. Leider fahren die Autos dort recht schnell, und es gibt weder Fuß- noch Radweg. In der Stadt hält der Zug der Strecke Toulouse – Narbonne – wichtig zu wissen für Crews, die missliebige Mitfahrer an Land setzen und nach Hause schicken wollen. Die Hauptattraktion besteht in der völlig kreisförmig angelegten Altstadt, besonders schön auf Luftbildern zu sehen.
Wer mit dem Schleusen bis hierher nicht vertraut ist, der wird es allerspätestens auf den acht Kilometern vor Castelnaudary, wo nicht weniger als 15 Schleusenkammern einen Höhenunterschied von 37,89 Metern überwinden, und zwar in allen Zahlenkombinationen bis zur Viererschleuse von St. Roch, in der die Schiffe ins Grand Bassin von Castelnaudary gehievt werden.
Zwischen der ersten und zweiten Schleuse dieser Kette, nach der Schleuse von Tréboul, öffnet sich in nördlicher Richtung

ein freier Blick ins Land, weil dort keine Bäume stehen. Die nächste Schleuse trägt den merkwürdigen Namen Écluse de la Criminelle. Der Name stammt nicht von der Gefahr, die von der überdurchschnittlichen Hubhöhe von 3,11 Meter ausgeht. Schließlich beträgt der Unterschied des Wasserstandes zu beiden Seiten der Kammer bei der benachbarten Écluse de Tréboul sogar 3,20 Meter. Die Überlieferung berichtet von geheimnisvollen Vorgängen – einmal seien sogar scheuende Pferde, die ein Schiff zogen, in das Becken gestürzt. Ein früherer Schleusenwärter war ein glühender Anhänger Okzitaniens und des Kanalbauers Pierre-Paul Riquet. Er hat das Kreuz der Grafen von Toulouse, Symbol des Widerstands gegen den Norden, sogar an seine Schleusentore gepinselt.

Mit der Einfahrt ins Grand Bassin von Castelnaudary bietet sich ein grandioser Blick auf die ansteigende Silhouette der Stadt. Wie auf alten Postkarten zu sehen ist, war sie früher mit einigen Windmühlen noch imposanter. Am südlichen Ufer liegt die Basis von Crown Blue Line, jener Firma englischen Ursprungs, die als Blue Line Anfang der 1970er- Jahre mit dem Verchartern von Booten auf dem Canal du Midi begonnen hat. Sie unterhält in Castelnaudary eine Werft. Neben einem neu erbauten überdachten Reparaturbecken ist ein Trockendock aus alter Zeit zu

Wie aus dem Bilderbuch: die Schleuse Tréboul.

Vorn okzitanische Symbole, hinten am Haus die Trikolore.

besichtigen. Gegenüber am Nordufer liegt eine der seltenen Tankstellen, die sich nur deshalb lohnt, weil sie landseitig auch Autos befüllt.

Der See selbst, übrigens der einzige im Verlauf des Canal du Midi, wenn man vom Étang de Thau absieht, ist sehr fischreich, was sich in der Abenddämmerung mithilfe von zerkleinertem alten Weißbrot leicht nachprüfen lässt. Nachmittags weist die örtliche Segelschule den Nachwuchs in die Geheimnisse der Fortbewegung auf dem Wasser mithilfe der Windkraft ein. Die Insel im Becken mit ihren hohen Bäumen wurde übrigens erst 1754 aufgeschüttet, um die starken Westwinde abzuhalten.

Castelnaudary

Castelnaudary mit seinen 11 000 Einwohnern nennt sich selbst die Hauptstadt des Cassoulet. Das ist ein deftiges Eintopfgericht mit weißen Bohnen, Fleisch, Wurst und Gänseschmalz – so ein richtiges Schleusenwärtermahl aus jener Zeit, da die Tore und Schieber noch von Hand gekurbelt wurden. Wer will, kann das nahrhafte Souvenir auch in Dosen mit heimnehmen, zum Beispiel aus dem Hotel Fourcade am Place de la Liberté. In aller Bescheidenheit hat der Koch seinen Bohneneintopf dort „L'Incomparable" (der Unvergleichliche) getauft.

Westlich von Castelnaudary nimmt der Bootsverkehr deutlich ab. Das hängt damit zusammen, dass für viele die dortige Charterbasis Endpunkt oder Abfahrtsort Richtung Mittelmeer ist und auch Mieter von anderen Firmen den Ort als Wendepunkt auserkoren haben.

Der Canal du Midi ist in der Saison zwischen dem Étang de Thau und Castelnaudary sehr belebt, um nicht zu sagen überfüllt. Das macht sich besonders an und in den Schleusen bemerkbar, wo Vierer- oder Fünferpäckchen miteinander durchgehen und nicht selten noch ein weiteres vor sich haben, vom Gegenverkehr ganz zu schweigen. Nun heißt es zwar auf dem Wasser „Eile mit Weile", und wem das alles zu langsam geht, der sollte lieber aufs Motorrad umsteigen. Aber das unfreiwillige Gruppenschleusen beeinträchtigt die Wahl der Geschwindigkeit. Wer gern bummelt, kriegt womöglich ein schlechtes Gewissen oder gar böse Blicke von denen, die in jeder Schleuse auf ihn warten müssen. Denn dort weiß man seit der Erfindung des Telefons genau, wie viel Boote unterwegs sind, und wenn vier angesagt sind, rührt sich keine Hand, ehe nicht alle da sind. Diese Probleme bestehen westlich von Castelnaudary kaum, da man dort wie in alten Zeiten über weite Strecken allein unterwegs ist. Es ist auch Ehrensache, dem Schleusenwärter zu sa-

Auf dem Grand Bassin in Castelnaudary.

gen, dass die Reise zu einer Mittagspause unterbrochen und beispielsweise um 15 Uhr fortgesetzt werden soll. Der Lohn für solche Mitteilungsfreude: Die nächste Schleuse steht zur angegebenen Stunde sperrangelweit offen, wenn nicht gerade ein entgegenkommendes Fahrzeug drinliegt.

Vierzehn Kilometer oberhalb Castelnaudary wird der Pass von Naurouze in einer Höhe von 190 Metern über dem Meer erreicht. Die fünf Kilometer lange Stauhaltung wird von der Écluse de la Méditerranée und der Écluse de l'Océan begrenzt. Mittendrin, beim kleinen Ort Le Ségala, hat sich eine Charterbasis angesiedelt. Hier erreicht der Canal du Midi seinen höchsten Punkt, und in der Nähe der Écluse de l'Océan wird er mit Wasser aus der Montagne Noir, dem Schwarzen Gebirge, gespeist.

Diese Wasserversorgung des Kanals aus dem Staubecken von St. Ferréol nahe dem Städtchen Rével war die entscheidende Leistung des Kanalbauers Pierre-Paul Riquet. Der Staudamm war seinerzeit der größte der Welt. Alle anderen Pläne zuvor waren immer daran gescheitert, dass das Grundelement für eine Wasserstraße im höher gelegenen Teil des Kanals nicht in ausreichendem Maße zur Verfügung stand, zumal in den trockenen Sommermonaten.

Die Schleuse Méditerranée vor der Wasserscheide.

Riquet, dessen Vorfahren aus Florenz stammten und ursprünglich Arrigheti, später Riquetti hießen, wollte am Naurouze-Pass eine Statue Ludwig des Vierzehnten errichten, dem er die Genehmigung zum Bau verdankte. Der Canal du Midi hieß lange Zeit „Canal Royal du Languedoc" (Königlicher Kanal des Languedoc) oder auch „Canal des Deux Mers" (Kanal zweier Meere).

Anstelle des Sonnenkönigs steht seit 1825 ein Obelisk zu Ehren von Riquet auf einem Hügel an der Passhöhe. Er zeugt von der Genialität, aber auch von der Tragik des Erbauers des Canal du Midi. Denn als sich eine Kommission zur Abnahme des Kanals am 15. Mai 1681 in Toulouse einschiffte, war Pierre-Paul Riquet schon mehr als ein halbes Jahr tot. Er war im Alter von 76 Jahren gestorben, nachdem er die letzten 15 Jahre seines Lebens der Planung, dem Bau und der Finanzierung des Kanals gewidmet hatte. Er hinterließ seinen Erben Schulden in Millionenhöhe, gleichzeitig aber das Recht, den Kanal zu betreiben und dafür zu kassieren. Das zahlte sich vielfältig aus, denn bis zu seiner Verstaatlichung Ende des 18. Jahrhunderts kamen die Nachkommen Riquets in den Genuss des ständig zunehmenden Verkehrs auf dem Canal du Midi.

Unmittelbar oberhalb der Schleuse Océan befindet sich ein stil-

Von der Schleuse Océan an geht's abwärts zum Atlantik.

ler und höchst romantischer Liegeplatz unter uralten Bäumen. Von dort lässt sich die Anlage besichtigen, die den Kanal mit Wasser versorgt, und es sind nur wenige hundert Meter zum Obelisken. Es ist der geeignete Augenblick, des Mannes zu gedenken, dem jeder, der hier entlangfährt, dieses Vergnügen verdankt. Auch die 12 000 Frauen und Männer, die von 1667 bis 1681 daran gearbeitet haben, sollen nicht vergessen sein.

Port Lauragais

Etwas mehr als einen Kilometer weiter ist vor wenigen Jahren eine Gedenkstätte neuzeitlicher Art eröffnet worden. Sie heißt Port Lauragais und ist mit einer Autobahnraststätte kombiniert. Die Autobahn kreuzt hier den Kanal und führt nicht ohne Grund den Namen „Autoroute des Deux Mers", ähnlich einer historischen Bezeichnung für den Canal du Midi.
Für den Port Lauragais ist ein Becken mit einer Art Halbinsel gegraben worden In dem liebevoll gestalteten kleinen Kanalmuseum erfährt man zum Beispiel, dass ein Pferd einen 60 Tonnen schweren Lastkahn ziehen kann. Den Höhepunkt hat der Verkehr auf dem Canal du Midi im Jahre 1856 erreicht, als auf ihm 110 Millionen Tonnen Fracht und 100 000 Passagiere trans-

Einen Halt wert: Port Lauragais mit Kanalmuseum.

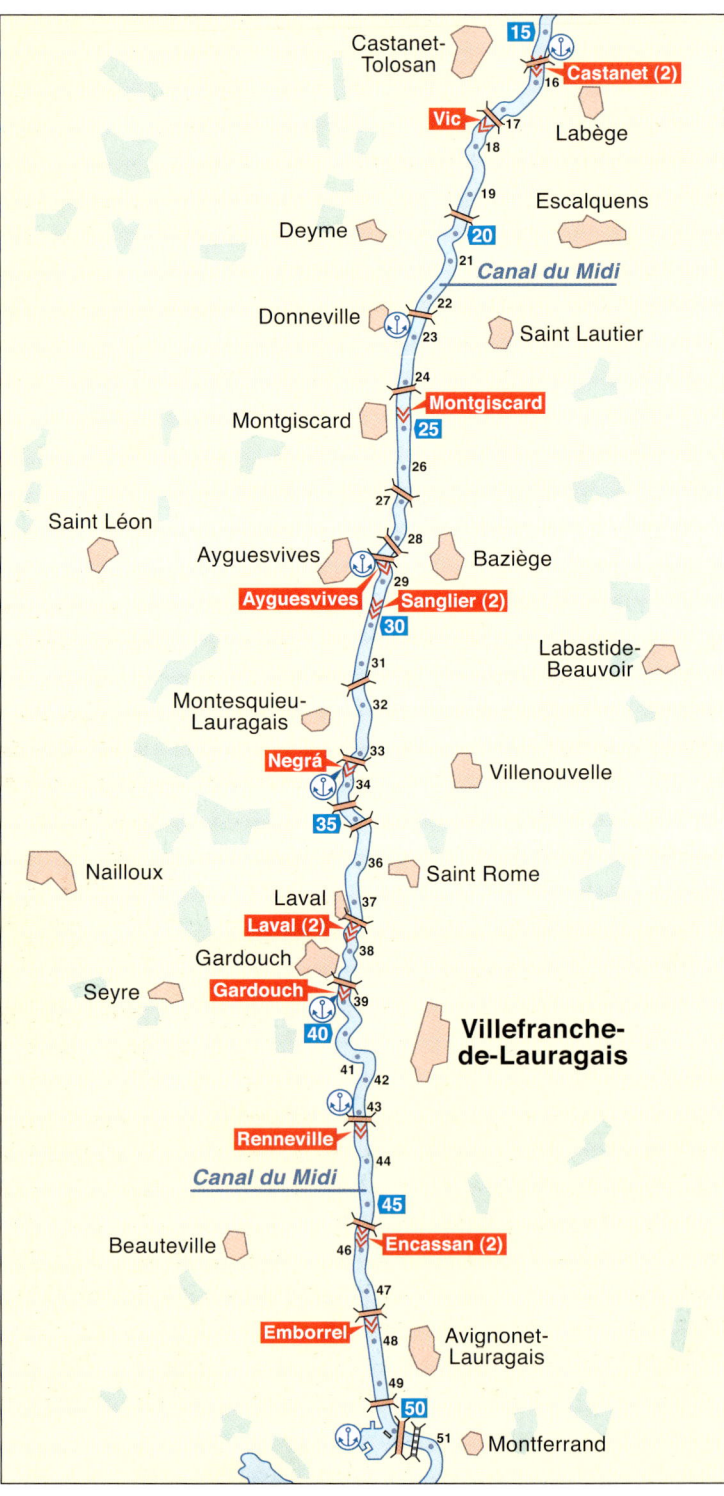

Castanet-
Tolosan

15

Castanet (2)

16

Labège

Vic

17

18

Labège

19

Escalquens

Deyme

20

21

Canal du Midi

22

Donneville

23

Saint Lautier

24

Montgiscard

Montgiscard

25

26

27

Saint Léon

28

Baziège

Ayguesvives

29

Ayguesvives

Sanglier (2)

30

31

Labastide-
Beauvoir

32

Montesquieu-
Lauragais

33

Negrá

34

Villenouvelle

35

36

Nailloux

Saint Rome

37

Laval

Laval (2)

38

Gardouch

Gardouch

39

Seyre

40

**Villefranche-
de-Lauragais**

41

42

43

Renneville

Canal du Midi

44

45

Beauteville

46

Encassan (2)

47

Emborrel

48

Avignonet-
Lauragais

49

50

51

Montferrand

portiert wurden. Letzteres ist dreimal soviel wie die Freizeit-schifffahrt heutzutage bewegt. In der zweiten Hälfte des 19. Jahrhunderts hat ihm die Eisenbahn Konkurrenz gemacht, aber es dauerte immerhin noch fast 150 Jahre, bis der letzte Kapitän eines Lastkahns in den neunziger Jahren des vorigen Jahrhunderts seine letzte Fahrt machte.

Weiter sind rund um den Museumspavillon erbaut worden: ein Hotel, ein Restaurant, ein Andenkenladen sowie ein architektonisch auffallendes Gebäude, in dem ein Rugby-Museum untergebracht ist. Diese Sportart ist in der Gegend von Toulouse sehr populär. Für Bootsfahrer wichtiger ist die Möglichkeit, Wasser zu fassen.

Hinter Castelnaudary sind die Weinberge langsam, aber sicher zurückgewichen, um jenseits des Naurouze-Passes gänzlich zu verschwinden. Dafür gibt es weite Getreide- und Rapsfelder, auch Mais und Gemüse werden angebaut. Die hügelige Landschaft sieht gar nicht mehr sonderlich südlich aus und könnte so auch im deutschen Mittelgebirge zu finden sein.

Auf dem Wege nach Toulouse hält sich der Kanal wieder in respektvoller Entfernung von größeren Siedlungen. Die Dörfer, zu denen man hinüberradeln oder -laufen muss, bieten die notwendige Versorgung und haben auch eine Post und eine Telefonzelle, damit die Verbindung zur Heimat nicht abreißt.

Alle französischen Telefonkabinen sind auf Karten umgestellt, die man in Schreibwarengeschäften und in Läden mit Tabak-Lizenz kaufen kann – von außen erkennbar an einer roten stilisierten Zigarre. In den Telefonzellen ist groß eine Nummer angeschrieben, über die ein Rückruf möglich ist. Aus Deutschland muss die Frankreich-Vorwahl 0033 benutzt und die erste Null der Kabinennummer weggelassen werden.

Die Doppelschleuse von Sanglier ist die bislang letzte Trogschleuse in traditioneller Form und historischer Kürze. Die nächste in Ayguesvives ist bereits auf 40,50 Meter verlängert, Zeugnis eines längst zu den Akten gelegten Ausbauplans des gesamten Kanals. Hier ist zudem eine ehemalige Zweierschleuse in eine einzige Kammer verwandelt worden. Dadurch ist die Hubhöhe auf 4,44 Meter gestiegen. Vorsicht bei der Ein- und Ausfahrt am oberen Ende! Hier muss zuerst die nunmehr stillgelegte Schleusenkammer durchfahren werden. Senkrechte

Stangen in der Schleusenwand machen das lästige Leinenwerfen kanalaufwärts überflüssig.

Ein Dorf weiter, in Montgiscard, ein ähnliches Bild: Der Wärter an der umgebauten Doppelschleuse, der sehr freundlich ist, handelt mit Eiern. Neben dem alten Waschhaus befindet sich ein Kai, in Reichweite der an Bord üblichen Schläuche ein Wasserhahn. Der Weg, die ansteigende Straße zum Dorfkern nach oben, lohnt nicht nur, um den originellen Kirchturm aus der Nähe zu betrachten. Vom Dorfplatz mit Denkmal geht der Blick weit nach Norden in die Berge hinein – vorausgesetzt, die Sicht ist gut.

Die ehemalige Doppelschleuse von Castanet zeigt als letzte auf dem Weg zum Atlantik den gerundeten Trog plus gerader Verlängerung. Anschließend – es gibt noch drei Schleusen im Stadtgebiet von Toulouse – haben die Schleusen parallele Wände, so wie auf den meisten anderen französischen Wasserstraßen. In den neueren rechteckigen Schleusen entsteht weniger kreiselnde Strömung, wenn man aufwärts fährt; im Gegensatz zu den Trogschleusen können aber nicht zwei Boote nebeneinander geschleust werden, weil die Gesamtbreite von rund 5,20 Meter durchgehend ist.

Kräftig strömen die Wasser, hier in die Schleuse Castanet.

Auf diesem Kanalabschnitt hat sich zu den Freizeitschiffern und den Spaziergängern längs des alten Treidelpfads noch eine andere Form der Fortbewegung gesellt: Wie in manch anderen Teilen Frankreichs auch wird der Weg neben dem Wasser zum Radweg ausgebaut, in diesem Fall von Toulouse ausgehend. Das ist sicher keine schlechte Idee, obwohl die vorbeisausenden Radler die Abgeschiedenheit eines Liegeplatzes durchaus beeinträchtigen können. Aber: Nachts schlafen auch die Radfahrer, und ruhebedürftige Menschen machen einfach am gegenüberliegenden Ufer fest.

Toulouse

In Toulouse verliert sich der Canal du Midi in die viertgrößte Stadt Frankreichs hinein. Am Stadtrand haben clevere Stadtplaner den Mythos des Südens zu retten versucht. Midiville heißt die Siedlung, die Mittelmeeratmosphäre vermitteln will. Den Port Sud hat man vom Kanal abgezweigt. Dort liegen mastlose Segelyachten, die im Sommer an die See geschleust werden, dazu ein paar Charterboote. Von den echten Häfen hat man die Unsitte der Liegeplatzgebühr über Nacht übernommen. Kurz daneben im Kanal liegt man kostenlos, und die Bewohner

Der Blick auf den Hafen Port Sud hat seinen Preis.

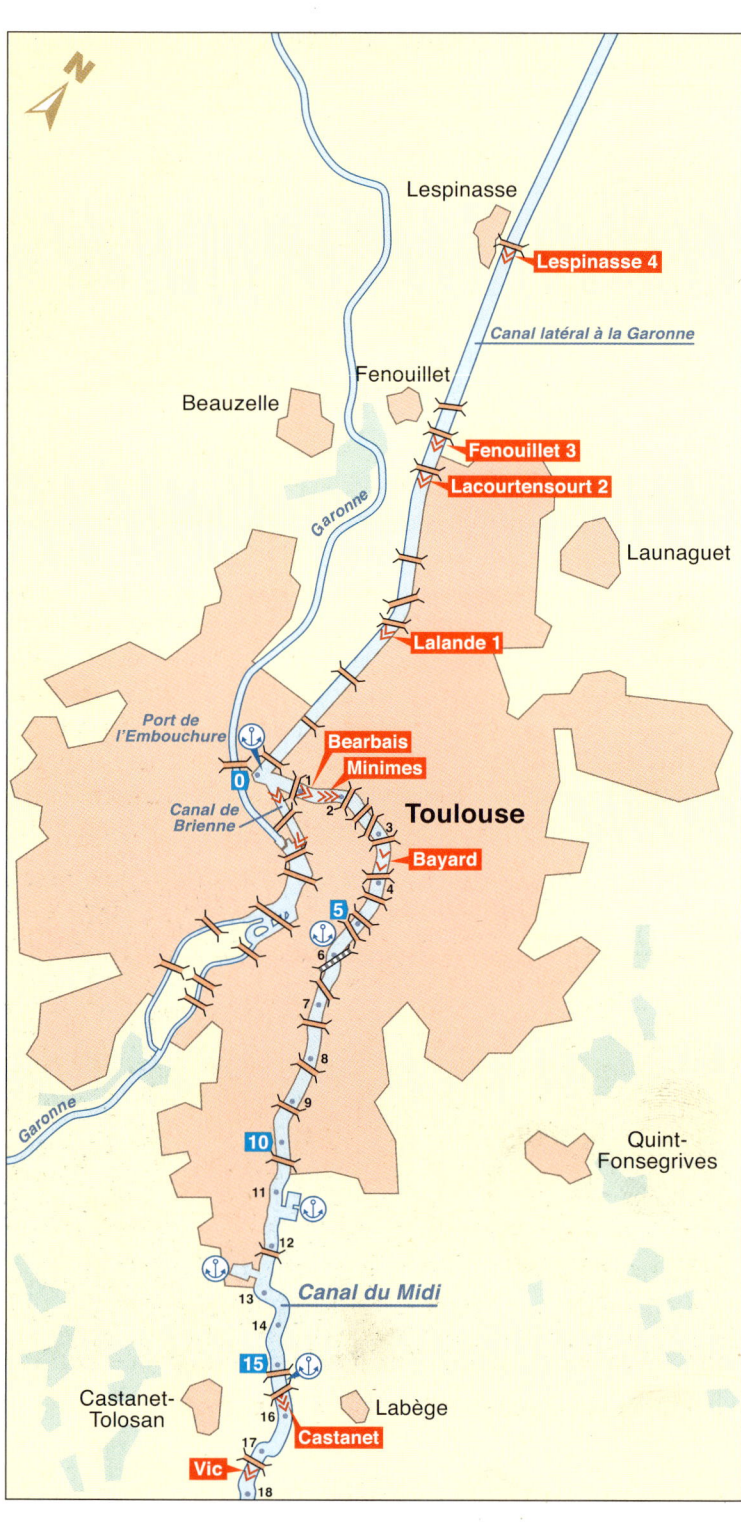

der sündhaft teuren Wohnungen können einem nicht in die Frühstückspfanne schauen. Die paar Läden rund um den Hafen haben sich die Preise ebenfalls von den echten Vorbildern abgeguckt.

Zwischen dem Port Sud und einem kurz darauf folgenden Werfthafen am nördlichen Ufer hat eine Reihe von Wohnschiffen ihren festen Liegeplatz. Die französische Schifffahrtsverwaltung duldet das, wenn die Schiffe bewegungsfähig gehalten werden. Bei Arbeiten am Kanal müssen sie jederzeit verholen können.

Das Preisniveau in Toulouse ist hoch, denn hier ist das High-Tech-Zentrum Frankreichs. Rechts vom Kanal liegt ein Flugplatz, links erstrecken sich Gebäude der Luft- und Raumfahrt, werden Airbus und Ariane entworfen und gebaut. Daran schließt sich das Viertel der Universitäten an. Hier sind die letzten ruhigen Liegeplätze mit Parks und Vogelstimmen am linken Ufer. Danach folgt noch eine Kanalbrücke über einen vierspurigen Autobahnzubringer hinweg. Die metallene Wanne, die den Kanal beherbergt, ist an ihrer Unterseite farbenfroh angestrichen. Das ist sozusagen das letzte Lebenszeichen, denn danach wird die alte Wasserstraße zum wenig beachteten Fossil. Im alten Hafen gammeln ein paar Pénichen vor sich hin, für

Laut: der Hafen St. Sauveur mitten in Toulouse.

125

Canal du Midi

Freizeitschiffer hat man ein paar Schwimmstege in lauter Umgebung ausgelegt. Das Wasser wird von vielspurigen Straßen eingezwängt und darf erst auf dem letzten Kilometer wieder zwischen den angestammten Platanen seinen Weg nehmen.

Hier gibt es noch einmal drei Schleusen. Um die oberste, die von Bayard unmittelbar am Hauptbahnhof, zu öffnen, muss man an Gummistangen ziehen, die zu beiden Seiten der Kammer über dem Wasser hängen. Es ist eine ehemalige Dreierschleuse, die umgebaut wurde und nun eine beträchtliche Hubhöhe von 6,20 Meter hat. Keine Angst, dass die Länge der Leinen nicht ausreicht! Zwei Schwimmpoller steigen oder sinken mit dem Wasserstand und mit dem Schiff. Allerdings wurde nur auf jeder Seite der Kammer ein Schwimmpoller eingebaut. Für alle, die hektisch den zweiten Halt suchen: Es geht zur Not auch so, denn die Schleuse ist so umgebaut worden, dass das Wasser nicht durch die Schieber frontal auf das Schiff zuströmt. Vielmehr wird es über Rohre von unten in die Kammer geleitet, wodurch nur sanfte Wirbel entstehen.

Die nächste Schleuse ist eine umgebaute Doppelschleuse, allerdings nur mit etwas über vier Metern Hubhöhe. Sie wird gemeinsam mit der letzten Schleuse von einem einzigen Schleusenwärter bedient, weil der Durchgangsverkehr zum Canal Latéral à la Garonne heutzutage dünn ist. Ein Schild bittet, zu warten, wenn der Wärter gerade mal an der anderen Schleuse zu tun hat. Wie lange man warten soll, sagt das Schild nicht.

Der Canal du Midi endet am Port de l'Embouchure, ehemals sicher ein erhebender Ort, an dem ein Relief die aus Ziegelsteinen gemauerten drei Brücken als Eingänge dreier Wasserstraßen schmückt: links der Canal Latéral à la Garonne, in der Mitte der Canal du Midi und rechts der Canal de Brienne oder Canal de St. Pierre. Diese Drehscheibe der Binnenschifffahrt ist eingekreist von Autos. Zu Fuß ist der Kai nur im Laufschritt zu verlassen. Selbst am Tage geht einem der Lärm auf die Nerven, an Übernachten ist nicht zu denken.

Die Schleuse zum Canal de Brienne, dem Verbindungskanal zur Garonne, steht offen, und eine leichte Strömung führt offenbar zur Speisung des Garonne-Seitenkanals. Am anderen Ende dieser Verbindung geht es über eine funktionsfähige, aber offensichtlich nur selten genutzte Schleuse hinaus auf die Garonne,

die hier aufgestaut und ein Stück weit schiffbar ist. Freizeitschiffer lässt man leider nicht auf den Fluss, obwohl man von dort einen schönen Blick auf das städtische Ufer hat.

Wer Toulouse in Ruhe besichtigen will, der suche sich besser ein Quartier an Land. Die Stadt verfügt über Unterkünfte aller Art und Preislagen. Im Rücken des beiläufig „Capitole" genannten eindrucksvollen Rathauses steht ein alter Turm, in dem das Fremdenverkehrsbüro zu finden ist. Von Anfang Mai bis Ende September ist es alle Tage von 9 bis 19 Uhr offen, den Rest des Jahres werktags von 9 bis 18 Uhr.

Toulouse ist von alters her eine reiche Stadt, was sich in zahlreichen Kirchen und Palästen äußert. Zwischen 1500 und 1700, in der Zeit, als der Canal du Midi erbaut wurde, kam das meiste Geld durch den weltweiten Handel mit Pastellfarben herein. Die Stadt macht einen südlichen Eindruck, viel Leben spielt sich auf der Straße ab. Dass ihre Bewohner besonders fröhlich sind, ist wohl eher eine der typischen Erfindungen der Fremdenverkehrswerbung. Um die knappen Parkplätze wird erbittert und ohne jede Gastfreundschaft gekämpft. Fußgänger machen ihrem Frust durch Faustschläge an die Blechkarosserien Luft. Nach der sanften Fortbewegung auf dem Wasser trifft einen der Schock der Hektik an Land hart.

An der Schleuse Bayard unmittelbar am Hauptbahnhof.

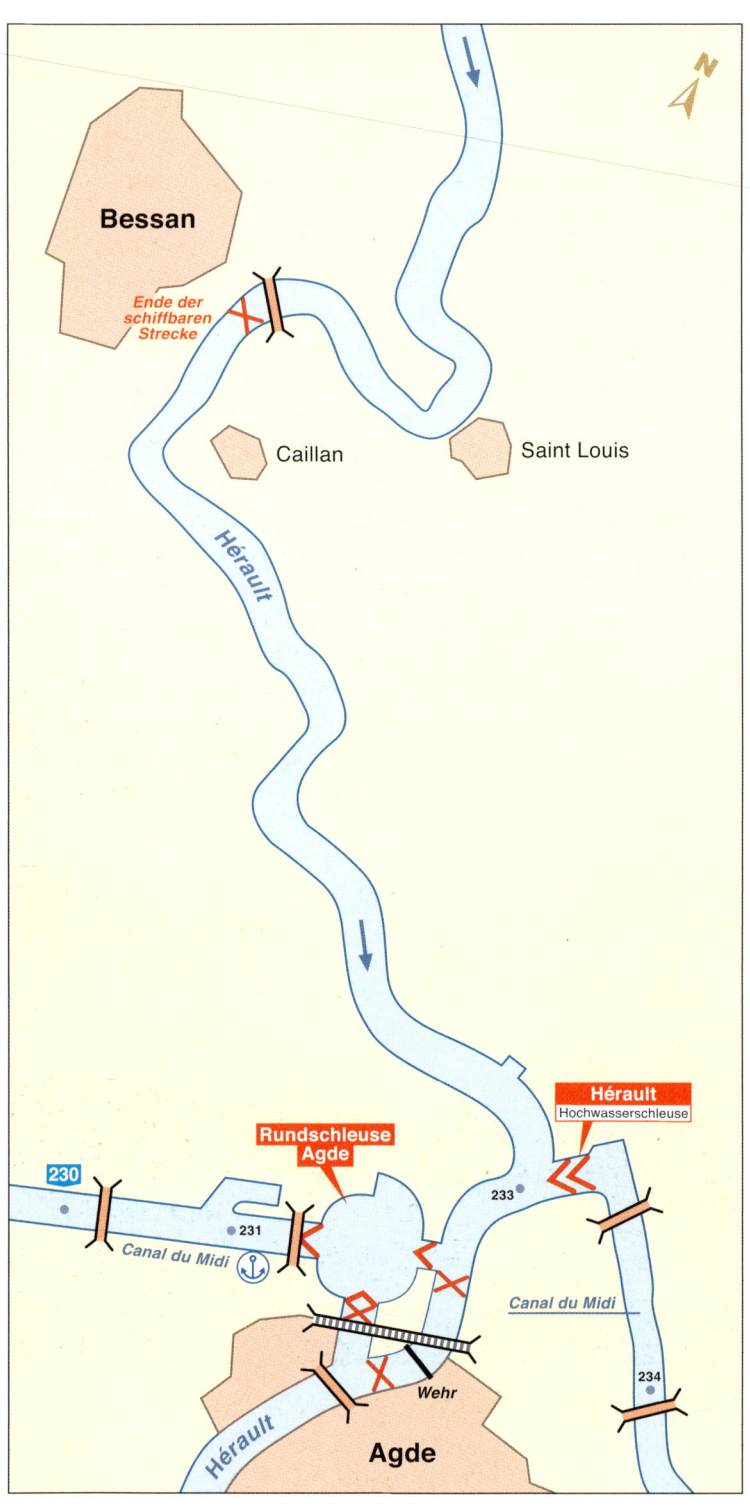

Bessan

Ende der schiffbaren Strecke

Caillan

Saint Louis

Hérault

Hérault
Hochwasserschleuse

Rundschleuse Agde

230

231

233

234

Canal du Midi

Canal du Midi

Wehr

Hérault

Agde

Hérault

Der Hérault ist schiffbar. Das ist keine besonders sensationelle Nachricht, denn oberhalb Agde bildet er auf einem knappen Kilometer einen Teil des Canal du Midi. Unterhalb des Wehrs von Agde führt er – für Charterboote nicht erlaubt – zum Mittelmeer. Der Rückstau dieses Wehres unter der Eisenbahnbrücke von Agde ermöglicht auch die Fahrt stromauf, also nach der Schleuse von Prades nicht links den Fluss hinab, sondern rechts herum.
Diese Strecke ist landschaftlich sehr schön. Außer ein paar Angelkähnen fährt hier kein Mensch. Die Einsamkeit begünstigt die Tierwelt. Eisvögel und seltene Reiherarten leben hier. Die Wassertiefe in Flussmitte ist ausreichend. Jedenfalls stößt der Bootshaken nirgendwo auf, das bedeutet zwei Meter und mehr. An den Ufern sind Bäume ins Wasser gestürzt, die niemand beseitigt. Nach sechs Kilometern endet die Schiffbarkeit kurz vor einer Straßenbrücke am alten Hafen Quai Marius von Bessan. Hier sind schon lange keine Weinfässer mehr aus den Kellern des nahen Dorfs verladen worden. In jüngerer Zeit hat man das steile Ufer mit großen Steinen befestigt, außerdem gibt es einen Slip für kleinere Boote.
Die Straßenbrücke sollte man nicht durchfahren, denn dahinter wird der Fluss enger und das Wenden schwierig. Zwei Biegungen weiter setzt ein Wehr der Fahrt in jedem Fall ein Ende.

Recht breit und von Bäumen umsäumt: der Hérault.

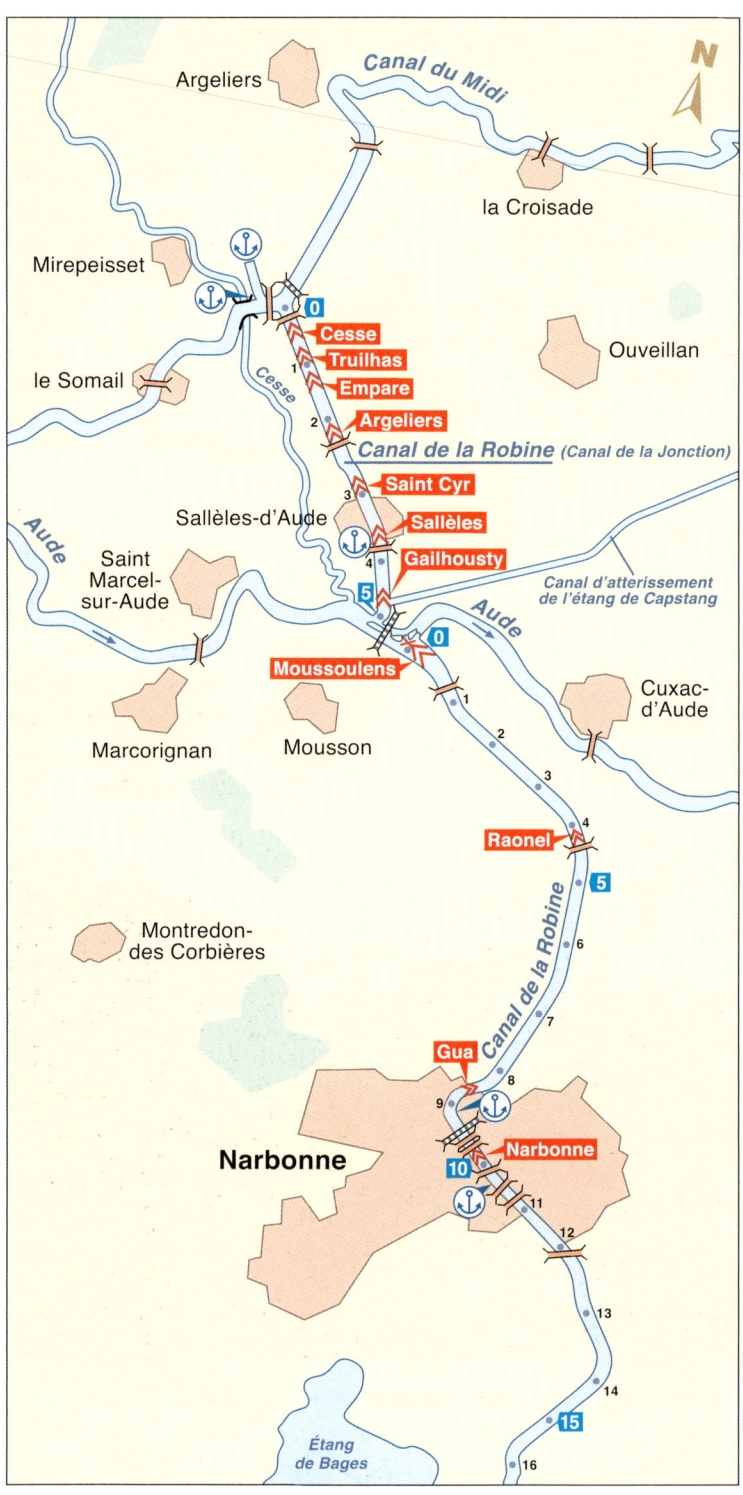

N

Argeliers

Canal du Midi

la Croisade

Mirepeisset

Ouveillan

le Somail

Cesse

0

Cesse

Truilhas

Empare

Argeliers

Canal de la Robine (Canal de la Jonction)

Saint Cyr

Sallèles-d'Aude

Sallèles

Gailhousty

5

Canal d'atterrissement
de l'étang de Capstang

Aude

Saint
Marcel-
sur-Aude

0

Aude

Moussoulens

Cuxac-
d'Aude

Marcorignan

Mousson

Raonel

5

Montredon-
des Corbières

Canal de la Robine

Gua

Narbonne

10

Narbonne

15

Étang
de Bages

Canal de la Robine

Fast wäre der heutige Canal de la Robine der südlichste Zipfel des Canal du Midi geworden. Denn bei der Planung im 17. Jahrhundert standen Port-la-Nouvelle und das noch etwa zehn Kilometer südlich gelegene La Franqui zur Diskussion, ehe sich der geniale Kanal-Architekt Riquet mit seiner Idee durchsetzte, einen völlig neuen Hafen am Kap von Sète zu bauen und ihn zum Umschlagplatz von Binnen- und Seeschifffahrt zu machen. Ob Riquet die Gefahr der Versandung an den beiden erstgenannten Orten im Auge hatte, oder ob er seine Vaterstadt Béziers unbedingt an den Kanal anschließen wollte, wissen wir nicht.

Jedenfalls wurde ein Jahrhundert später eine Verbindung vom Canal du Midi nach Narbonne und Port-la-Nouvelle gebaut, der heutige Canal de la Robine. Er folgt zu großen Teilen einer Verbindung zwischen Aude und Mittelmeer, die schon die alten Römer angelegt hatten. Nur die nördlichen fünf Kilometer, der sogenannte Canal de la Jonction (Verbindungskanal), sind neuer, genauer gesagt: mittlerweile über 200 Jahre alt.

Nach der Abzweigung vom Canal du Midi nahe des Port-la-Ro-

Am Abzweig vom Canal du Midi zum Canal de la Robine.

Blick geradewegs zur obersten Schleuse Cesse.

bine geht es schnurgerade ins Aude-Tal hinunter. Die fünf Schleusen bis zum Ort Sallèles d'Aude sind alle weniger als einen Kilometer voneinander entfernt und in Sichtweite zueinander. Die trogförmigen Kammern sind elektrifiziert und auf Selbstbedienung umgestellt: Ein Besatzungsmitglied muss an Land, um den Schleusungsvorgang per Knopfdruck an einem Kasten auf Höhe der Kammermitte in Bewegung zu setzen, sobald das Schiff an Leinen gesichert ist.

Im Unterwasser der Schleuse von Argeliers.

Canal de la Robine

Auf Höhe der Écluse d'Empare – das ist die dritte von oben – befindet sich in östlicher Richtung das Amphorenmuseum Amphoralis, das unmittelbar am Fundort der Gefäße errichtet wurde. Man muss die Geleise einer Bahnstrecke überqueren, die heutzutage nur noch an Wochenenden von Touristenzügen genutzt wird. Für diese Ausflügler aus Richtung Narbonne wurde eigens ein Bahnsteig angelegt. Das Museum ist vom 1. Juli bis 30. September täglich geöffnet, außerhalb der Saison nur eingeschränkt. Die Öffnungszeiten stehen am Tor.

Sallèles d'Aude

Der Kanal ist gesäumt von Pinien und einigen Zypressen, parallel führt eine Straße nach Sallèles, auf der anderen Seite eine Eisenbahnlinie ohne regelmäßigen Verkehr, aber mit gelegentlichen Ausflugszügen von Narbonne ins Minervois-Weinbaugebiet. Diese Kanalstrecke ist sonnig – je nach Jahreszeit ein Vor- oder Nachteil. Schattenspendende Platanen gibt es erst wieder im nächsten Ort. Gleich am Eingang, kurz vor einer Fußgängerbrücke, fallen die ausgebuchteten Ufer ins Auge. Das

Im Schatten von Platanen: die Schleuse von Sallèles d'Aude.

ist ein Wendebecken für Pénichen. Es wurde in den 1980er-Jahren angelegt, als Ausbaupläne für den Canal du Midi auch den Canal de la Robine einbezogen und dessen Schleusen auf das Pénichen-Maß von vierzig Metern verlängert wurden. Die letzten Lastkähne, die Wein von hier in Richtung Bordeaux transportierten, verschwanden Anfang der 1990er-Jahre, als der Canal du Midi im Sommer wegen Wassermangels geschlossen werden musste. Heute könnten die Pénichen durch die modernisierten Schleusen von der Rhône her bis zum Hafen von Port-la-Nouvelle fahren. Aber die Berufsschifffahrt mit Ausnahme von Hotelschiffen nutzt diese Strecke derzeit nicht.

Der Ort macht einen schmucken Eindruck, wenn auch im Kern viele Häuser unbewohnt sind und teilweise zum Verkauf stehen. Nicht alle Fensterläden sind für immer geschlossen. Manche Häuser dienen als Feriensitz für Leute aus den Großstädten.

Wem das Waschen an Bord lästig ist, der kann hier auf der Fahrt zum Meer seine Wäsche abgeben und auf der Rückfahrt zwei Tage später wieder abholen. Die Wäscherei hört auf den für deutsche Ohren lustig klingenden Namen „Blanchisserie", oder aber es steht das nicht besonders französische Wort „Pressing" (für Bügelsalon) über dem Laden. Die Wäscherei in Sallèles ist in einer Nebenstraße versteckt und ohne zu fragen schwer zu finden.

Wie ein Amphitheater: die Schleuse Gailhousty.

Oberhalb der Schleuse von Sallèles liegt man an beiden Ufern an eigens für die Freizeitschifffahrt instand gesetzten Kaianlagen sehr schön, aber laut, weil zu beiden Seiten des Kanals ein reger Lkw- und Zweiradverkehr herrscht. Unterhalb ist es sehr viel ruhiger. Übrigens ist die Modernisierung dieser Schleuse ein schönes Beispiel dafür, dass es mit dem Verlängern der Kammern allein nicht getan ist. In Sallèles hat man nämlich auch aus zweien eine gemacht. Die Stauhaltung bis zur nächsten Schleuse oberhalb ist nur etwa 350 Meter kurz. Jene obere Schleuse hat eine Hubhöhe von 2,79 Meter, die ehemalige Doppelschleuse jetzt aber 5,40 Meter. Somit fließt bei einer Schleusung jedes Mal doppelt soviel Wasser nach unten ab wie von oben nachkommt.

Der Wasserstand zwischen den Schleusen sinkt also spürbar ab, wenn mehrere Schiffe kurz hintereinander durchgehen. Zwar füllt sich der Kanal durch einen gewissen Überlauf langsam wieder auf, aber das kann Stunden dauern. Beim Festmachen in diesem Abschnitt muss also mit wechselnden Wasserständen von zwanzig, dreißig Zentimeter und mehr gerechnet werden. An der Schleuse, die in ihrem Inneren mit senkrechten Stangen versehen wurde, ist ein hübscher Gedenkstein zum 200. Jubiläum dieses Kanals aufgestellt, der an die Zeit erinnert, als die Lastkähne noch mit Pferden getreidelt wurden.

Massive Mauern gegen das Hochwasser: Schleuse Moussoulens.

Die Aude

An der nächsten Schleuse steht ein schmuckvolles, heute leeres Gebäude, in dem offensichtlich einmal Teile des Schifffahrtsamtes untergebracht waren. Unmittelbar unterhalb schließt sich ein Trockendock an. Der an dieser Stelle enge Kanal weitet sich danach in einer Rechtskurve hinaus auf die Aude, die hier auf einer Länge von knapp 700 Metern befahren werden muss, um in den Canal de la Robine Richtung Narbonne zu kommen. Zunächst geht es gegen den Strom unter einer Stromleitung hindurch, dann muss ein weiter Bogen über den Fluss an dessen rechtes Ufer geschlagen werden, um mit der Strömung unter einer Eisenbahnbrücke hindurch in eine Schleuse einzufahren, die nur bei erhöhtem Wasserstand in Betrieb ist. Auf der linken Flussseite lauert ein Wehr, dessen Sog bei Normalhöhe des Wassers ungefährlich ist. An beiden Schleusen jeweils vor der Einfahrt in die Aude ist auf einem Plan die genaue Route für die Flussstrecke aufgezeichnet.

Auf der Aude droht (rechts im Bild) der Sog eines Wehrs.

Narbonne

Der Wasserlauf wird hier merklich enger. Bis Narbonne stehen zu beiden Seiten Platanen. Es müssen noch zwei Schleusen passiert werden, eine auf halber Strecke und eine unmittelbar vor der Stadt an einer alten Mühle. Die Kais in Narbonne sind mit großem Aufwand renoviert worden. In einer weiten Linkskurve liegen die Boote einer Charterbasis, teilweise im Päckchen und darum nicht gerade ideal für die Sicht um die Ecke herum.

Nicht in Sicht ist zunächst auch die mitten in der Stadt gelegene Schleuse. Sie ist automatisiert und mit Lichtzeichen auf beiden Seiten versehen. Die Schleuse öffnet sich, wenn ein unter einer Brücke hängender Gummistab in langsamer Vorbeifahrt ergriffen und um 45 Grad gedreht wird. An der Schleuse muss ein Besatzungsmitglied an Land, um mit einem Knopf die Tore zu schließen oder wieder zu öffnen. Diese Schleuse war früher ein rechter Schrecken für alle leichteren Kunststoffboote. Denn bei der Ein- und Ausfahrt wurden sie durch ein seitliches Wehr unweigerlich an das gegenüberliegende Ufer gedrückt. Die dortige Längsführung verhinderte zwar größere Schäden, aber ohne Rumpeln ging es zum Entzücken der oft zahlreichen Zuschauer selten ab. Diese Falle für Freizeitschiffer ist jetzt entschärft, weil das Wehr so umgebaut wurde, dass die Strömung

Trotz Umbau noch immer Druck an der Schleuse Narbonne

N

7

Gua

8

9

Narbonne

10

11

12

Narbonne

13

14

Craboules

15

16

Canal de la Robine

17

18

Mandirac

19

20

Étang de Bages

21

22

23

24

Étang de l'Ayrolle

25

26

27

28

Saint Lucie

29

Étang de Sigean

30

Salin de Saint-Lucie

31

Mittel-meer

Port-la-Nouvelle

des Überlaufs überwiegend in Kanalrichtung verläuft. Nur bei erhöhter Wassermenge nach starken Regenfällen könnte es noch Schwierigkeiten geben.

Kurz nach der Schleuse unterquert der Kanal eine häuserbestandene Straße. Der Brückenbogen sieht aus der Entfernung sehr niedrig aus. In der Mitte droht jedoch überhaupt keine Gefahr. Bei einer lichten Höhe von drei Metern müssen schließlich auch die Fracht- und Fahrgastschiffe passieren können. Unter der nächsten Brücke hängt der Gummistab zum Öffnen der Schleuse aus der Gegenrichtung.

Danach ist man mitten im Zentrum der Stadt. Die sehenswerte Kathedrale und die Altstadt sind nur ein paar Schritte entfernt. Auf der anderen Seite sieht man die Markthalle, eine Konstruktion aus Stahl und Glas aus dem vorigen Jahrhundert. Unmittelbar daneben haben wir mittags im Restaurant „L'Estagnol" gut und preiswert gespeist. Erfreulicherweise hat man in Narbonne an die Fußgänger gedacht. Einige der engen Straßen sind ganz oder zu bestimmten Zeiten für den motorisierten Verkehr gesperrt.

Die Kaianlagen sind reichlich mit Pollern versehen, um die Freizeitschiffer zum Festmachen zu verleiten.

Die Häuserbrücke in Narbonne – ein Hauch von Florenz.

Wasser gibt es an einer weiteren Charterbasis am westlichen Ufer. Ein paar zweifelhafte Gestalten beiderlei Geschlechts und unterschiedlichen Alters, die auf den Bänken am Ufer lagern, werden mitunter von Polizisten aufgeschreckt. Übernachtung sei nur für Lärmunempfindliche empfohlen, weil zu beiden Seiten des Kanals der lebhafte Verkehr dieser quicklebendigen Stadt brandet.

Narbonne ist übrigens eine Gründung der Römer aus dem Jahre 118 v. Chr. Es ist heute kaum noch vorstellbar, dass die Stadt ein bedeutender Seehafen war, denn über den schmalen Wasserweg des Canal de la Robine sind es heutzutage immerhin zwanzig Kilometer bis zum Meer. Die Versandung, die auch anderen Städten an der französischen Mittelmeerküste zu schaffen macht und bei noch bestehenden Häfen die Bagger ständig im Einsatz hält, hat Narbonne ins Landesinnere versetzt.

Außerhalb der Stadt stehen noch rund zweieinhalb Kilometer lang hohe Bäume an beiden Ufern, später muss man sich mit Einzelexemplaren begnügen. Etwa einen Kilometer hinter der Stadt überquert die Autobahn A 9 den Kanal. Vorher ist noch die Einleitung aus der Kläranlage zu sehen. Baden – jedenfalls hier nicht!

Mitten in der Natur: die letzte Schleuse vor dem Meer.

Schleuse Mandirac

Etwas später nähert sich die Eisenbahnlinie nach Spanien dem Wasser. Bei der Schleuse von Mandirac, die auf Knopfdruck arbeitet, läuft sie keine fünfzig Meter entfernt parallel. Bald darauf führen Schienen und Kanal zwischen den Étangs von Ayrolle und Bages hindurch. Der Kanal, der streckenweise einem gewundenen Wiesenbach ähnelt, wird nach einer Linkskurve breiter. Ein kleiner bewaldeter Bergrücken kommt in Sicht, gekrönt von Felsen, während am Ufer Schilf und Feigenbäume zu sehen sind. Das Ganze entpuppt sich später als Naturschutzgebiet, wie an der nächsten und letzten Schleuse von Ste. Lucie zu lesen steht. Auf jeden Fall ist hier ein ruhiger Liegeplatz für die Nacht, kaum gestört von einem Ziegenhirten, der seine Tiere auf der schmalen Landzunge zwischen Kanal und Étang weidet. Radfahrer, die den durchgehenden Weg längs des Wassers von Narbonne zum Meer nutzen, sind nach Einbruch der Dunkelheit kaum noch unterwegs.

Die Schleuse von Ste. Lucie hat zwei Kammern und gerade Wände. Die obere Kammer ist derzeit nicht in Betrieb, könnte aber zur Durchfahrt längerer Schiffe per Kurbel benutzt werden. Die untere Kammer wird durch Knopfdruck in Bewegung gesetzt. Ein Besatzungsmitglied muss zuvor an Land zum Steuerkasten am östlichen Rand der Schleusenkammer gehen. Die Hubhöhe liegt unter einem Meter, mit geringen Schwankungen, die abhängig vom Pegelstand in Port-la-Nouvelle sind. Anschließend geht's zweieinhalb Kilometer schnurgeradeaus, nun schon im Brackwasser, das ohne weitere Unterbrechungen zwischen den Becken einer Saline hindurch in den Seehafen von Port-la-Nouvelle und von dort ins Mittelmeer führt. Für die Binnenschiffe ist jedoch am Ende der Geraden Schluss.

Port-la-Nouvelle

Dem Binnenhafen am Kanalende merkt man an, dass er in einem Seehafen wie Port-la-Nouvelle eine Randerscheinung darstellt. Nicht sonderlich anheimelnde Liegeplätze für Gästeboote sind zwischen einer Eisenbahn- und einer Straßenbrücke linker Hand reserviert. Ob es dort Wasser gibt oder nicht, ist reine Glücksache. Dies ist nicht nur hier so: Über die Jahre wird der Anschluss hin und wieder instandgesetzt, fällt mangels ständiger Aufmerksamkeit und Pflege trocken – bis zur nächsten Reparatur, deren Zeitpunkt unvorhersehbar ist.

Die Einfahrt in den Seehafen mit kräftig motorisierten Fischkuttern und dicken Pötten an der Pier ist Binnenschiffen aus guten Gründen untersagt. Statt einer Hafenrundfahrt auf eigenem Kiel ist nur eine landseitige Besichtigung möglich – eindrucksvoll genug, da Ozeanriesen aus nächster Nähe zu bestaunen sind.

Wer das Meer sehen will, muss etwa zwei Kilometer gehen oder fahren. Der gewachsene Ort geht mit zunehmender Strandnähe in eine Ansammlung von Ferienbehausungen über. Die sind nicht schöner als anderswo, aber wegen der begrenzten Zahl an Stockwerken erträglich. Der Sandstrand ist von unendlich scheinender Breite und Länge.

Eher ungastlich: der Binnenkai in Port-la-Nouvelle.

Ortsregister